本书由南京大学文学院副院长、
中国古代文学教授苗怀明博士审订，
特此致谢。

把成语用起来

一读就会用的

分类成语故事 ⑧

品质和性格 · 坏人和丑类

歪歪兔童书馆 / 编著

海豚出版社
DOLPHIN BOOKS
CICG 中国国际传播集团

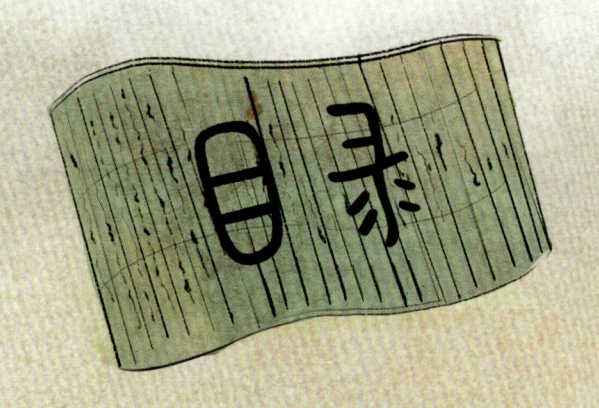

目录

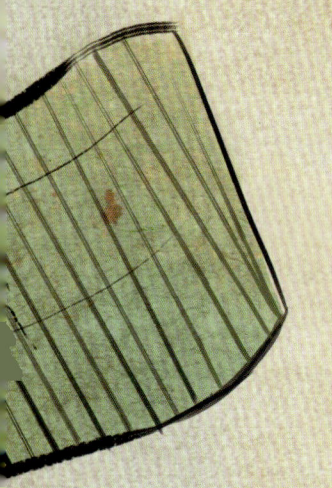

03／品质和性格

宠辱不惊	4	羊续悬鱼	16
精忠报国	6	桃李不言，下自成蹊	18
大义灭亲	8	不食周粟	20
董狐直笔	10	不为五斗米折腰	22
不贪为宝	12	不因人热	24
两袖清风	14	外强中干	26
		羊质虎皮	28
		好好先生	30
		唯唯诺诺	32
		余勇可贾	34
		不合时宜	36
		一意孤行	38
		杯弓蛇影	40
		杞人忧天	42
		庸人自扰	44

04/ 坏人和丑类

亡命之徒	46	幸灾乐祸	76
始作俑者	48	包藏祸心	78
丧家之犬	50	路人皆知	80
全无心肝	52	狼子野心	82
鸡鸣狗盗	54	借刀杀人	84
梁上君子	56	恶贯满盈	86
一丘之貉	58	擢发难数	88
沆瀣一气	60	罄竹难书	90
上下其手	62	专横跋扈	92
趋炎附势	64	为所欲为	94
仰人鼻息	66	助纣为虐	96
傍人门户	68	如狼牧羊	98
狐假虎威	70	豺狼当道	100
蜂虿有毒	72	州官放火	102
乘人之危	74		

附录／分类成语 104

宠辱不惊
chǒng rǔ bù jīng

宋·欧阳修、宋祁《新唐书·卢承庆传》：
"承庆嘉之曰：'宠辱不惊，考中上。'"

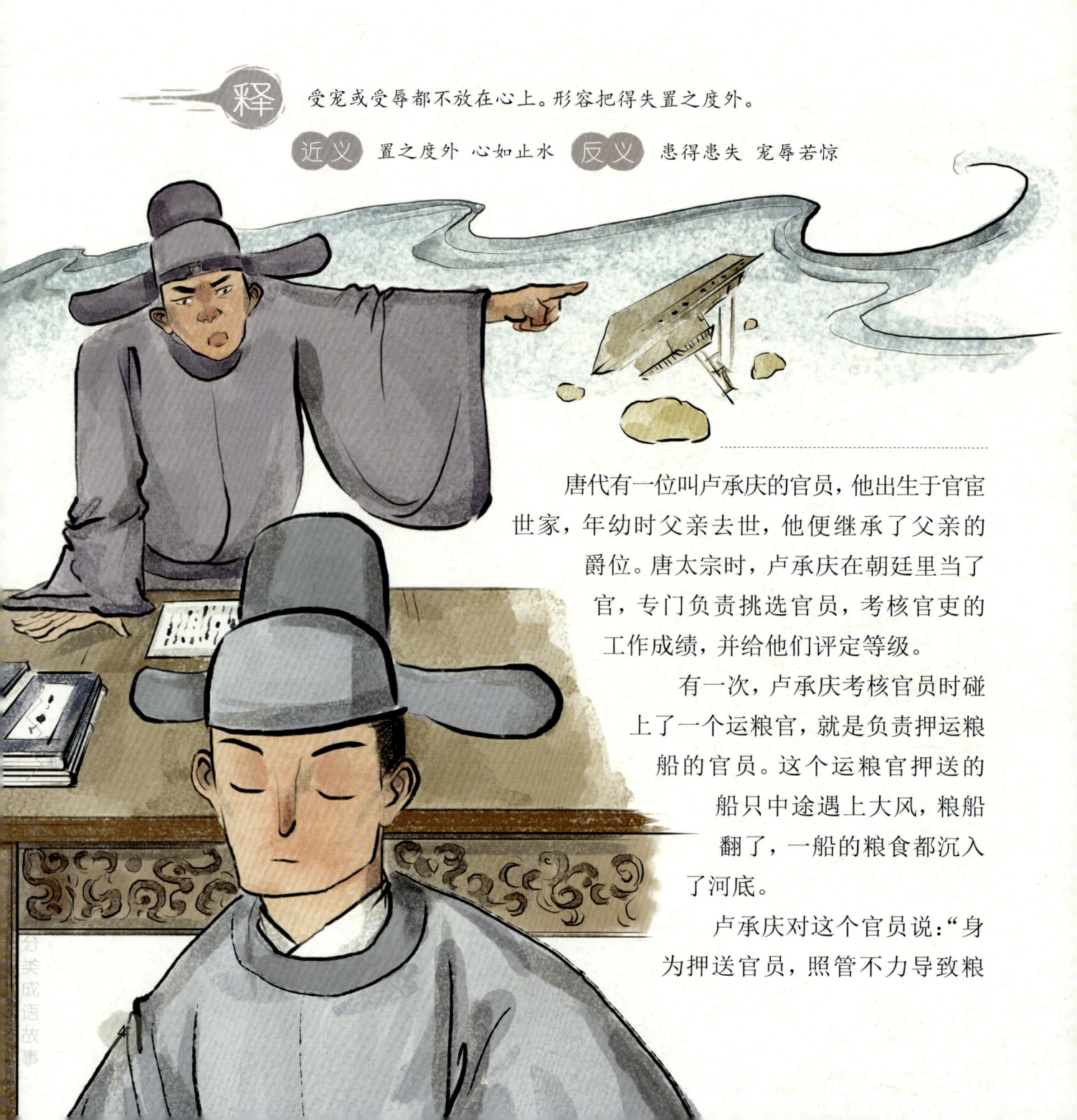

释 受宠或受辱都不放在心上。形容把得失置之度外。

近义 置之度外 心如止水　　**反义** 患得患失 宠辱若惊

唐代有一位叫卢承庆的官员，他出生于官宦世家，年幼时父亲去世，他便继承了父亲的爵位。唐太宗时，卢承庆在朝廷里当了官，专门负责挑选官员，考核官吏的工作成绩，并给他们评定等级。

有一次，卢承庆考核官员时碰上了一个运粮官，就是负责押运粮船的官员。这个运粮官押送的船只中途遇上大风，粮船翻了，一船的粮食都沉入了河底。

卢承庆对这个官员说："身为押送官员，照管不力导致粮船倾覆，公粮被毁，你只能被定为中等下级。"

运粮官听了这番话，脸上没有露出一丝不高兴的神色。卢承庆觉得这个官员还真是有些特别，要换了别人，定了这么低的等级，要么会极力申辩，要么满脸沮丧。于是他就想给这个官员把等级定高一点儿，就对他说："不过嘛，河上突然遭遇大风，这也是人力没法控制的事，还是把你的等级往上升升吧，给你定为中等中级。"

考核等级转眼间就升了一级，可运粮官一言没发，脸上也没有露出丝毫高兴的神色。这让卢承庆非常感慨，他说："受辱不惊慌，受宠也不惊诧，这人的修养非同一般啊！"于是最后给运粮官定了中等上级。

卢承庆考核官员，并不只看官员的工作成果，还会从品性等方面来进行考察，善于发现别人的优点，把合适的人放在合适的岗位上，所以人们都称赞他知人善任。

例句

- 不过他经的大风大浪太多，虽未到宠辱不惊、名利皆忘的境地，却已能不动声色，淡然置之。（高阳《清宫外史》）
- 王老师兢兢业业工作了三十年，从不计较个人得失，称得上是宠辱不惊。

成语个性

和"宠辱不惊"只有一字之差的"宠辱若惊"，意思正好相反，指人得宠或受辱都感到惊慌。这个成语出自春秋时期的《老子》："得之若惊，失之若惊，是谓宠辱若惊。"

精忠报国
jīng zhōng bào guó

唐·李延寿《北史·颜之推传》："公等备受朝恩，当尽忠报国。"

释 竭尽忠诚，报效国家。

近义 赤胆忠心 碧血丹心

反义 卖国求荣 背信弃义

岳飞是中国历史上著名的军事统帅。岳飞出生时，有一只大鹏鸟飞到他家屋顶上，久久盘旋不去，于是他的父亲给他取名为岳飞，字鹏举。

03 品质和性格 / 忠诚·精忠报国

小岳飞还没满月时，家乡发了一场大洪水，河水决堤，母亲抱着他坐在一口大缸里，顺水漂流，竟然得以幸存。岳飞小时候虽然家里很穷，但他特别爱学习，尤其喜欢读兵法之类的书。岳飞从小力气就很大，十几岁时就能拉开三百斤的硬弓。通过坚持不懈的练习，岳飞的箭术更是出神入化，能左右开弓，箭无虚发。

长大后，岳飞从了军，从一个普通士兵一直做到了将军。他作战勇猛、机智过人，手下的岳家军也是军纪严明、能征善战。有一年，岳飞率军平定洞庭湖杨幺起义。这天，部下抓获一名杨幺派来的奸细，审问他杨幺的老巢在哪里时，奸细回答说："我们首领占据的地方险阻重重，只有飞才能进得去。"岳飞听了哈哈大笑，说："是上天派你来说这话的吧？天意如此，我一定能攻破你们的老巢。"于是马上派人把奸细的这番话传告所有将士，岳家军上下军心大振，不久就剿灭了杨幺。

岳飞率领岳家军和侵略南宋的金军进行了大大小小几百场战斗，收复了很多被金国抢去的土地，多次受到朝廷褒奖。宋高宗更是亲手书写了"精忠岳飞"四个大字，命人制成大旗赐给他，作为他的战旗。

可惜的是，就在岳家军挥师北进，势如破竹，准备一举收复所有失地时，宋高宗和大奸臣秦桧（huì）却一心想向金军求和，发出十二道金牌命令岳飞班师回朝，又捏造罪名把岳飞关进了监狱。

当朝廷派出的官员来抓捕岳飞时，岳飞非常气愤，他一把撕开自己的衣服，把后背冲着官员。官员看到，岳飞背上刺着四个字：尽忠报国。几个字已经深入肌肤。官员虽然知道岳飞是被陷害的，但也爱莫能助。不久，岳飞被杀害，但他忠心爱国的精神一直被世人所敬仰。

例句

- 他热爱哲学，更喜欢地理、历史，因为从那里面他多少次为丧权辱国之耻而悲痛欲绝，为精忠报国之志而愤然拍案。（刘白羽《第二个太阳》）
- 历史上有许多英雄因为精忠报国而留名青史，也有很多小人因叛国投敌而遗臭万年。

成语个性

这个故事出自元代脱脱的《宋史·岳飞传》。据史料记载，岳飞背上刺的四个字为"尽忠报国"，后来人们把宋高宗赐给他的"精忠岳飞"旗与其结合在一起，所以这个成语也写作"精忠报国"，与"尽忠报国"同义。岳飞不仅是一位著名的军事家，也是一位很有才华的诗人，他的代表词作《满江红》至今仍被人们广为传诵。

大义灭亲
dà yì miè qīn

春秋·左丘明《左传·隐公四年》：
"石碏纯臣也，恶州吁而厚与焉。大义灭亲，其是之谓乎！"

释 大义：正义。亲：亲属。指为维护正义，对犯罪的亲属不徇私情，使其受到应有的惩罚。

近义 大公无私 六亲不认 **反义** 徇情枉法 徇私舞弊

春秋时期的卫国，卫庄公有个小儿子叫州吁，因为是他的爱妾所生，所以庄公对这个儿子格外宠爱。州吁勇武过人，喜欢练武打仗，卫庄公就任命他当了将军。

卫国有个正直贤明的大臣叫石碏（què），他劝说卫庄公道："公子喜好武艺，手上又拥有兵权，如果不加以管制，将来可是要出大乱子的。"可这样的话庄公根本听不进去。另外，石碏的儿子石厚与州吁交往密切，石碏又劝儿子："州吁不是什么好人，将来多半会犯上作乱，你平时离他远一点儿。"可是，他儿子也不听他的。

等到卫庄公死后，大儿子继承了君位。果然就像石碏说过的那样，州吁杀了他哥哥，自立为国君，但全国的百姓都不承认这个新君主。州吁便对石厚说："你去问问你父亲，怎么做才能让百姓拥护我。"石碏将计就计，给他们出主意说："州吁如果能得到周天子的接见，那百姓们就会承认他了。"石厚又问："怎么样才能得到周天子的接见呢？"石碏说："陈国的国君陈桓公现在正被周天子宠信，如果他能帮着在天子面前说说好话，这事就一定能成。"

州吁听了石碏的建议，便和石厚带着礼物去了陈国。而这边，石碏马上派人带信给陈桓公："我年纪大了，做不成什么事，但这两个人杀了我国的君主，希望您能帮助我们除掉他们。"陈国便把这两人抓了起来。接着，卫国派人到陈国杀了州吁。但石厚毕竟是石碏的亲儿子，有人说还是饶他一命吧，给点儿惩罚就行了，却被石碏拒绝，并亲自派人到陈国杀了石厚。

《左传》的作者左丘明写到这段史实时说："石碏真是纯良之臣啊，他痛恨州吁杀君作乱，也没放过追随州吁的石厚。大义灭亲，说的就是石碏的这种行为吧！"

🌰 例句

🥮 你尽管是她（南后）的父亲，但如果不照着她的意旨办事，她可以大义灭亲，明天便把你一齐处死。（郭沫若《屈原》）

🥮 老李把在小区里实施偷盗的弟弟送到了派出所，大家对他这种大义灭亲的行为给予了高度赞扬。

董狐直笔

dǒng hú zhí bǐ

春秋·左丘明《左传·宣公二年》:"孔子曰:'董狐,古之良史也,书法不隐。'"

释 指不惧威胁,不阿奉权贵,敢于记录真实历史。

近义 秉笔直书 **反义** 曲意逢迎

中国是一个特别注重历史的国家,从古至今,历朝历代,各个大小国家都有自己的史官,负责记录本朝的历史,或是编修前朝的历史。董狐就是春秋时期晋国的一个史官。

晋国当时的国君是晋灵公。晋灵公四岁就当上了君主,可他长大后根本不治理国事,只顾着自己吃喝玩乐。他喜欢玩狗,经常把狗放到集市上去抢百姓的猪和羊吃,百姓们敢怒不敢言。厨师给他做菜时,有一道熊掌没有煮熟,他就把厨师给杀了。为了满足自己的奢侈生活,他还向人民征收重税,弄得民不聊生。

晋国的大夫赵盾为此忧心忡忡,他多次劝阻晋灵公,灵公对他是又恨又怕,总想找个机会杀了他。有一次,灵公派了一名大力士去刺杀赵盾。刺客一大早就去了赵盾家,只见他家大门大开,屋子里的陈设也很简陋。因为时间还早,赵盾正穿着官服端端正正地坐在屋子里等着上朝。刺客心想,杀了这么好的官员,等于是杀了百姓们的靠山,这是对国家不忠。可如果不杀他,又违背了国君的命令,这是对君主失信。刺客想来想去,实在下不去手,竟然在赵盾家院子里的槐树上一头撞死了。

这次之后,灵公还是几次三番地想要杀掉赵盾。赵盾没办法,只好逃走了,不过他并没有离开晋国。

这一年,赵盾的堂弟赵穿杀了晋灵公,赵盾听说后,赶紧回到了都城。

史官董狐在竹简上记下了这件事,并写道:"赵盾弑(shì)杀君主。"然后把这段记录拿给朝臣们看。赵盾说:"并不是这么回事,我没有杀君主。"董狐说:"你身为晋国的大夫,逃亡他地,又没有离开晋国;现在返回朝廷,又没有

捉拿刺杀君主的凶手,难道敢说君主被杀和你没有关系吗?"

后来,孔子在写《春秋》时,评价说:"董狐是一个好史官,他能遵循记录真实历史的原则,不替赵盾隐瞒罪责;赵盾也是一个好大夫,他如果逃亡时干脆离开了晋国,再不回来,就可以摆脱作为执政大臣讨伐凶手的责任,也就不用担负弑君的恶名了。"

例句

- 正是一代代史学家能够董狐直笔,记录发生的事实,我们现在才能看到真实的历史。
- 作为一名新闻记者,要有董狐直笔的精神,敢于揭露社会的阴暗面。

03 品质和性格 / 正直·董狐直笔

不贪为宝
bù tān wéi bǎo

春秋·左丘明《左传·襄公十五年》:"子罕曰:'我以不贪为宝,尔以玉为宝,若以与我,皆丧宝也,不若人有其宝。'"

释 以不贪为最宝贵的品格,多用来赞扬官员廉洁奉公。

近义 廉洁奉公 一介不取 一廉如水

反义 贪得无厌 诛求无已 欲壑难填

春秋时期,宋国有一位贤明的大臣叫子罕,他处处为百姓着想,又能顾全大局,是一位深受百姓爱戴的好官。

有一年,宋平公让另一名臣子皇国父负责修建一座高台。可这时正是农事繁忙的时节,人们来给国君修高台,就要耽误干农活。子罕于是请求国君,修高台的事暂时缓一缓,等地里的活都忙完后再来修,但是宋平公没有答应。

高台还是开始修建了。人们一边干活,一边唱道:"长得白白净净的皇国父,让我们在这里干苦力;皮肤黑黑的子罕,才是真为我们着想。"子罕听说后,拿着鞭子到工地上来监工,说:"我们都有自己的房子遮风挡雨,现在只是要给君主建一座台子,不抓紧时间赶快修好,怎么回去干农活?"筑台的人们这才不唱了。

有人问他:"大家编歌称赞你还不好,为什么要阻止呢?"子罕说:"宋国只是区区一个小国家,有的官员被人骂,有的官员被人夸,弄得官员之间不和,这会是祸乱的根源啊!"

还有一年,宋国遭遇了饥荒。子罕请示宋平公后,把公仓里的粮食借给百姓,还

03 品质和性格 / 廉洁·不贪为宝

发动官员公卿们都把自家富余的粮食借出来，而他自己家的粮食借给百姓，连欠条都不用写，也就是根本没准备让大家还。

有一次，一个宋国人得到了一块美玉，便把这块玉献给子罕，子罕不肯接受。献玉人说："这块玉我已经给玉匠看过了，说是一块难得一见的宝玉。这么珍贵的美玉，只有您这样身份尊贵、品行高洁的人才配得上使用，所以特意拿过来献给您。"

子罕却说："在我眼里，不贪是最宝贵的；在你眼里，这块玉是个宝贝。如果你把玉给了我，那我们俩就都失去了自己最宝贵的东西。不如这块玉还是你自己留着，这样，我们俩就都有自己的宝贝了。"

献玉人向子罕行了个大礼，说："我只是个小老百姓，拿着这么贵重的宝物回老家去，怕被歹人盯上，遭来横祸。请您还是收下吧！"子罕想了想，觉得他说得确实有道理，于是让人把献玉人安排在附近住下，又找来玉匠帮他把玉雕好，卖了一大笔钱，然后让这人带着钱回了家乡。

例句

- 官员们如果都能以不贪为宝，就不会贪污腐败，损害人民的利益了。
- 如果人们都能以不贪为宝，就不会有那么多人因为想占便宜而上当受骗了。

羊续悬鱼
yáng xù xuán yú

南朝宋·范晔《后汉书·羊续传》："府丞尝献其生鱼，续受而悬于庭。丞后又进之，续乃出前所悬者，以杜其意。"

近义　一介不取　水米无交

反义　贪赃枉法　招权纳贿

释　形容为官清廉，拒受贿赂。

品质和性格 / 廉洁·羊续悬鱼

东汉时的羊续是历史上一位以清廉著称的好官。有一年，南阳发生叛乱，叛军占据了好几个县，把南阳的最高官员太守都给杀了。在这危急时刻，羊续被任命为南阳太守，他穿着平民的衣服，只带了一名随从就赴任去了。

一路上，羊续暗暗察访，向人们打听各县的情况，了解当地的风俗民情。等到任时，他对下面各县的情况都已经心中有数了，各县的县令是贪是廉，百姓是安分守己还是对官府有所怨言，他都了如指掌。一上任，羊续便调兵平息了叛乱，杀了叛军的首领，俘获五千多人。接着，羊续又颁布了新的政令，革除那些损害人民利益的政策，兴办对人民有利的事，老百姓都非常拥戴他。

当时，当地那些有权有势的人和富贵人家生活过得非常奢侈，互相攀比，奢华成风。羊续对此深恶痛绝。他平时就穿着破旧的衣服，乘坐的马车也很简陋，吃的更是粗茶淡饭。

羊续手下的一个官员打听到太守爱吃鲜鱼，便特意给他送来几尾活蹦乱跳的鲜鱼，对他说："知道大人一向清廉，如果送您贵重的礼物，您一定不会收。这是亲戚家打的鱼，也不值几个钱，请您一定要收下。"

羊续见他把话都说到了这份儿上，不好当面拒绝，只好收下了。等官员走后，他把这几条鱼挂在了院子里。

过了些日子，那个官员又来送鱼，羊续就指着院子里挂的鱼对他说："这回我可不能收了。看，上次你送的那几条都还没吃呢！"官员一看，可不是吗，上次的几条鲜鱼都已经变成鱼干了！官员又是敬佩又是惭愧，只好拎着手里的鱼告辞了。

这件事传开后，人们看太守连几条鱼都不肯收，那些准备给他送礼、求他办事的人就都不敢上门了。

例句

- 不见裴宽瘗(yì)鹿，且看羊续悬鱼。（清·蒲松龄《官吏听许财物》）
- 如果官员们都有着羊续悬鱼的精神，就不会贪污腐化，成为社会的蛀虫。

成语个性

在北方一些传统民居建筑中，比如北京的四合院，房子的山墙（房屋左右两侧的墙）顶上，挂着一种形状像鱼的装饰，这个叫作"悬鱼"。在房子上装饰悬鱼，正是来自于"羊续悬鱼"的典故。

桃李不言，下自成蹊

汉·司马迁《史记·李将军列传》："谚曰：'桃李不言，下自成蹊。'此言虽小，可以喻大也。"

释 蹊：小路。比喻为人真诚，自然会受到人们的尊敬，产生极大的感召力。

李广是西汉时的名将，他精通骑马射箭，而且智谋过人，多次率军和匈奴作战，让匈奴人闻风丧胆，他们敬畏地称李广为"飞将军"。

有一次，李广带着一百骑兵追击三个匈奴人，不知不觉间跑出了几十里，最后杀死了两个，活捉了一个。李广让人把匈奴人绑了，一行人上了马，正准备回去，远远看见几千匈奴骑兵正往这边赶来。

李广手下的骑兵们一个个胆战心惊，都想打马快逃。李广却说："我们现在离大营几十里，跑肯定是来不及了。不如我们干脆下马，匈奴兵会以为周围有埋伏，一定不敢过来攻击我们。"说完，李广第一个下了马，还把马鞍都卸了下来。骑兵们虽然

03 品质和性格 / 谦虚 桃李不言，下自成蹊

害怕，但也不得不照做了。没想到，匈奴大军看到这一小股汉军竟然在他们面前停留，而且连马鞍都卸了，真如李广所料，根本不敢冲过来。到了半夜，匈奴兵怕周围会有埋伏的汉军主力趁夜袭击他们，赶紧撤走了。第二天天亮后，李广才带着骑兵们不慌不忙地回了大营。

李广为官清廉，得了赏赐就分给部下，虽然当了四十多年二千石俸禄的高级官员，家里却没有多余的财产。他爱兵如子，平时吃住都和士兵在一起。带兵出征碰到水断粮绝的时候，好不容易找到了水源，他要等所有士兵都喝上水后才喝；有了食物，不等全部士兵都吃上饭，他一口都不尝。

《史记》的作者司马迁和李广是同时代的人，他写完李广的传记后，在后面写下了一段评价："我有幸亲眼见过李将军，他为人谦虚谨慎，不善言辞，看上去就像个普普通通的乡下人。不过在他死后，全天下的人们，不管是认识他的还是不认识他的，都为他的死而感到悲哀。可见他的忠诚、诚信感动了很多人。俗话说：'桃树、李树都不会说话，但它们的花朵美艳，果实可口，人们纷纷前来赏花摘果，自然会在树下踩出一条条小路来。'这句话说的虽是小事，但它的寓义非常深远。"

成语个性

另一个也有桃有李的成语是"桃李满天下"，这里的桃、李指的是培养出的人才或所教的学生。"桃李满天下"指培养的人才和学生很多，各地都有，主要用来夸赞老师和学校。"桃李满天下"赞美的是培育桃李的人，而"桃李不言，下自成蹊"赞美的是桃李，并不限于老师，使用时要注意区分。

例句

🌰 胡先生深知有教无类的道理，来者不拒，点名作甚？"桃李不言，下自成蹊"。（梁实秋《雅舍小品·点名》）

🌰 虽然有些演艺明星名气很大，但是"桃李不言，下自成蹊"，真正赢得人们尊敬的还是那些为人正派、演技过硬的艺术家们。

不食周粟
bù shí zhōu sù

汉·司马迁《史记·伯夷列传》："武王已平殷乱，天下宗周，而伯夷、叔齐耻之，义不食周粟，隐于首阳山，采薇而食之。"

释 周粟：周朝的粮食。比喻忠诚坚定，清白守节，不因生计艰难而为敌方工作。

近义 宁死不屈 宁折不弯　**反义** 见利忘义 贪生怕死

商朝末年，在现在的河北一带，有个商朝分封的小诸侯国叫孤竹国，伯夷和叔齐是孤竹国国君的两个儿子。

孤竹国国君在世的时候，最喜欢三儿子叔齐，打算把君位传给他。但按照古代的礼法制度，君位一般是由最大的儿子继承，而伯夷是家中的老大。他们的父亲死后，叔齐就想把君位让给大哥伯夷。伯夷却说："让你当国君是父亲的遗愿，你就不要推辞了。"说完这话，伯夷就离开了孤竹国。叔齐一看哥哥这么礼让，也跟着走了。后来孤竹国的大臣们只好推举老二当了国君。

伯夷和叔齐离开孤竹国后，听说周地的姬昌是个非常贤德的人，尊敬贤士，敬养老人，于是跑去投奔他。但等他们来到周地时，姬昌已经去世了。当时，商朝的最后一个天子商纣王暴虐无道，姬昌的儿子姬发召集起大量人马，用车子载着父亲的牌位，准备去讨伐纣王。

伯夷和叔齐听说后，跑到大军前面，拉住姬发的马缰绳，劝阻他说："你的父亲刚刚去世，你不去埋葬父亲，为他守墓，却要发兵打仗，这能说是孝顺吗？你是商朝的臣子，现在却要去讨伐纣王，这能说是仁义吗？"

可姬发根本不听他们的，还是率领大军出发了。后来，姬发推翻了商朝，建立了周朝，姬发就是周武王，他又追尊父亲姬昌为周文王。

全天下都拥戴周武王这位新天子，伯夷和叔齐却以向周朝臣服为耻。但现在所有的诸侯国都已经归顺了周朝，地上种出来的粮食也都是周朝的粮食了，伯夷和叔齐为了不吃周朝的粮食，跑到位于现在山西永济的首阳山隐居起来，采集山上长的野菜薇草为生，后来就饿死在首阳山。

成语个性

鲁迅的《故事新编》中有一篇文章叫《采薇》，就是根据伯夷和叔齐的故事改编而成的。不过在这篇文章中，作者并不是赞美他们宁可饿死也不食周粟的气节，而是借他们不知变通的行为来讽刺落后守旧势力。

例句

他晓得，被日本人占据了的北平，已经没有他做事的地方，假若他一定"不食周粟"的话。（老舍《四世同堂》）

抗日战争期间，京剧表演大师梅兰芳拒绝为日本人唱戏，这种不食周粟的精神感染了很多人。

不为五斗米折腰
bú wèi wǔ dǒu mǐ zhé yāo

唐·房玄龄《晋书·陶潜传》:"潜叹曰:'吾不能为五斗米折腰,拳拳事乡里小人邪!'"

释 五斗米:指微薄的俸禄。折腰:弯腰。比喻为人清高,有骨气。

近义 宁折不弯 不食周粟

反义 见钱眼开 见利忘义

东晋末年的陶渊明是我国历史上著名的大诗人,也是田园诗的开创者,写下了大量反映田园生活的诗作名篇。

陶渊明这个人性情宽和,像孩子一样率真,平时最大的爱好是喝点儿小酒,但因为家里穷,也不是时时都有酒喝,知道他这个爱好的朋友们便常常会给他送酒来。平时,不管是大官还是普通百姓,到他家来做客时,只要家里有酒,他就会摆出酒宴热情款待。与人喝酒时,如果他觉得自己快要喝醉了,就会对客人说:"我喝醉后喜欢倒头就睡。待会儿我要是醉了,你就走吧,不用管我,我就不送你了。"

早年间,为了养家糊口,陶渊明先后当过一些小官。他的最后一个官职是在彭泽县(位于现在江西省九江市境内)当县令。当县令时,朝廷给了他一大块地,陶渊明就让人在这些地里全都种上用来酿酒的高粱,并说:"我没有别的要求,只要有足够多的酒,能让我经常喝醉就够了!"他的妻子和孩子说:"人还是得先填饱肚子啊,酒又不能当饭吃,还是种稻谷吧!"最后协商的结果是,这块地一半种高粱,一半种稻谷。

陶渊明虽然当着官,但他的生活一直很简朴,从来不愿意去结交权贵,讨好上司。有一次,郡里的官员要到县里来视察,他的下属提醒他说:"您得穿上官服,束好衣带,恭恭敬敬地去他的住地拜见。"陶渊明却说:"我怎么能为了这五斗米的俸禄,低眉顺眼、卑躬屈膝地伺候这些乡下的小人!"说完,他解下官印,辞去官职,带着妻儿老小回老家种田去了。

例句

🍀 古人不为五斗米折腰,这个助教官儿,也不是我终身养老之事。(明·冯梦龙《喻世明言》)

🍀 叔叔为了保住工作,成天对领导点头哈腰的,没有一点儿不为五斗米折腰的气节。

03 品质和性格 气节·不为五斗米折腰

成语个性

陶渊明辞去官职后,写下了著名的《归去来兮辞》,体现了他脱离官场、回归田园生活的欣喜之情。文中写道:"木欣欣以向荣,泉涓涓而始流,善万物之得时,感吾生之行休。已矣乎!寓形宇内复几时,曷不委心任去留?"其中表达的"人生不长,要按照自己的意愿去生活"的观点,对现在的人们仍有着一定的启示。

不因人热
bù yīn rén rè

汉·刘珍《东观汉记·梁鸿传》:"鸿曰:'童子鸿不因人热者也。'"

释 比喻为人孤高,不仰赖他人。

近义 自力更生 自给自足　**反义** 趋炎附势 攀龙附凤

西汉时的梁鸿从小家里就很穷，但他刻苦好学，做人也很有骨气。他少年时在太学里上学，一起上学的同学大都是有钱人家的孩子，梁鸿不愿意和他们结交，浪费宝贵的学习时间，平时都是自己一个人独来独往。

学校里没有食堂，学生们都是自己在宿舍里开伙做饭。有一次，一起住的同学做完饭后，看灶里的火还没熄，锅也还是热的，就叫梁鸿说："你赶紧借着灶火把饭做了吧！"

没想到梁鸿却说："我这人向来不喜欢沾人家的光，不用借你们的热锅热灶做饭。"后来等火灭灶冷后，梁鸿才去生火做饭。

梁鸿从太学毕业后，并没有去做官，而是靠在上林苑放猪为生。一次，他不小心留下的火种引发了火灾，烧到了一户人家的屋子。梁鸿找到房子的主人，问他损失了多少财物，然后把自己养的猪全都赔给了他，但主人还嫌少。梁鸿说："我再也没有别的财产，要不然这样吧，我留下来给你家干活，来还欠下的那些吧。"主人答应了。

从这之后，梁鸿就留在他家里勤勤恳恳地干活。左邻右舍的老人见了，都觉得这人忠厚老实、诚实守信，于是纷纷为他打抱不平，批评主人太不讲理。主人心里也觉得有愧，于是要把之前梁鸿赔给他的猪还给他，梁鸿不肯要，自己回老家去了。

梁鸿的作品流传下来的很少，其中最著名的是《五噫歌》：陟（zhì）彼北芒兮，噫！顾瞻帝京兮，噫！宫阙崔巍兮，噫！民之劬（qú）劳兮，噫！辽辽未央兮，噫！

大意是：登上高高的北芒山，啊！回头看看皇帝居住的京城，啊！高高的宫殿多雄伟，啊！百姓们辛勤地劳作，啊！苦难无尽无边，啊！

这首诗创作出来后，轰动了整个京城，皇帝也读到了这首诗，觉得这人是个心怀天下的有才之士，就派人去找他。梁鸿却避而不见，后来更是远远地躲到南方去了。

例句

- 皆能独往独来，不因人热。（清·谭嗣同《论艺》）
- 他那种凡事靠自己，不因人热的品格值得我们学习。

成语个性

与梁鸿有关的成语典故还有"举案齐眉"，说的是他和妻子孟光两人互敬互爱，妻子每次为他端上食物时，都会把食案举得跟眉毛一样高。这个成语后用来比喻夫妻间和睦恩爱、相敬如宾。

外强中干

wài qiáng zhōng gān

春秋·左丘明《左传·僖公十五年》:"今乘异产以从戎事,及惧而变……外强中干,进退不可,周旋不能,君必悔之。"

释 外:表面。中:内里。干:枯竭,空虚。形容人或事物表面上很强大,实际上却很虚弱。

近义 色厉内荏(rěn) 虚有其表

反义 表里如一 名副其实

春秋时期,晋国的晋惠公在秦国的帮助下,顺利回国继承了君位。

晋惠公即位之前,曾经答应割让五座城池给秦国,可等他当上国君后,说过的话就都不算数了。晋国遭遇饥荒时,秦国给晋国送来了大批的粮食;后来秦国国内也发生了饥荒,找晋国买粮食时,晋惠公却不肯把粮食卖给他们。秦国的国君秦穆公非常愤怒,于是发兵攻打晋国。

晋惠公得知消息后,对大夫庆郑说:"秦国的军队已经打到我国境内了,怎么办?"

庆郑不客气地回答道:"是主公您惹得秦国发兵打来的,还能怎么办呢?"

晋惠公说:"你说话太放肆了!"于是准备亲自率军迎战。当时人们在打仗之前都习惯于占卜,占卜出来的结果是庆郑最适合为晋惠公驾车。可晋惠公被庆郑的态度惹怒了,坚决不肯用他,另外选了人为自己驾车,拉车的马选的是来自郑国的小驷马。

庆郑又劝阻说:"过去人们打仗时,都用本国的马拉车。本国的马出生在本乡本土,受主人调教,熟悉自己国家的道路,指挥起来得心应手。现在放着自己的马不用,偏要用别国的马,等到上了战场,马匹不熟悉道路,在惊慌之下一定会失去常态,根本不听指挥。它们害怕时鼻子里喷着粗气,全身血液奔流,血管扩张,外表看起来很强壮,实际上却很懦弱。到了那时候,战车进不能进,退不能退,就是想让车转个弯都做不到。您如果坚持用这些马拉车,到时候一定会后悔的!"

晋惠公还是不听,坐着小驷马拉的车率领大军出发了。这天,秦晋两国大军在中途相遇,在激烈的战斗中,晋惠公的小驷马陷在烂泥里,怎么也挣扎不出来。晋惠公向庆郑呼喊求救。庆郑说:"不听劝谏,违背占卜,本来就是自取失败,还能躲得过去吗?"说完就跑开了。庆郑嘴上虽然这么说,其实是跑去叫人了。

晋国的将领这会儿已经围住了秦穆公的战车,眼看着就要活捉秦穆公,一听晋惠公被困,只好扔下这边去救他,错失了赢得这场战争的最好时机。最终的结果是,晋军大败,晋惠公也被秦军活捉了。

03 品质和性格·怯懦·外强中干

🌰 例句

🍂 他一向手笔大,不解理财之法,今番再干掉了几万,虽不至于像从前吃尽当光光景,然而不免有点外强中干了。(清·吴趼人《二十年目睹之怪现状》)

🍂 小明仗着自己长得高,经常欺负小同学,可这个家伙其实是外强中干,大家用不着怕他。

成语个性

干,不要错读成 gàn。

羊质虎皮
yáng zhì hǔ pí

汉·扬雄《法言·吾子》："羊质而虎皮，见草而悦，见豺而战，忘其皮之虎矣。"

释 质：本性。羊披上了虎皮，但其怯懦的本性不会改变。比喻外强内弱或是徒有其表。

近义 色厉内荏　外强中干　　**反义** 绵里藏针　外柔内刚

扬雄是汉朝时的一位大学问家，从小就博览群书，学识渊博。他年轻的时候非常崇拜大辞赋家司马相如，自己也写下了许多文采飞扬的辞赋名作。

年岁渐大后，扬雄觉得写辞赋只是雕虫小技，便开始研究哲学。他模仿《论语》的体裁写了一本书，叫作《法言》，这本书中讲了这样一个小故事。

有个朋友对扬雄说："有一个人很喜欢孔子，他对外宣称自己姓孔，名丘，字仲尼，和春秋时期的大思想家孔子一模一样。别人到他家看望他时，发现他家中的布局、陈设也和孔子家一样。他穿着和当年孔子所穿的一样的衣服招待客人，在书桌旁坐着和客人侃侃而谈，这书桌的样式也和孔子用的一样。您说，这个人是不是就是孔子呢？"

扬雄摇了摇头，说："这个人只是外表上看起来像孔子，本质上并不是孔子。"

朋友问："请问您说的本质指的是什么？"

扬雄想了想说："就像一只羊找了块虎皮披在身上，看上去像是一只老虎了。可是它一看到青草就很高兴，赶紧跑过去吃草去了；看到豺狼时就害怕得浑身打战，全然忘了自己身上披着虎皮。这是因为羊的本质就是喜欢吃草、胆小怯懦，哪怕披上了虎皮，这个本质也是改变不了的。"

这个故事的意思是说，一个人的本质是由他的内在决定的，不管他换上什么样的伪装，也不会改变他的本质。后来人们就从这个故事中总结出了"羊质虎皮"这个成语，比喻一个人外表强大，而内心虚弱。

03 品质和性格 / 软弱·羊质虎皮

🌰 例句

🍂 羊质虎皮功不就，凤毛鸡胆事难成。（明·罗贯中《三国演义》）

🍂 敌人看上去很强大，其实是羊质虎皮，不堪一击。

29

唯唯诺诺
wéi wéi nuò nuò

战国·韩非《韩非子·八奸》："此人主未命而唯唯，未使而诺诺，先意承旨，观貌察色，以先主心者也。"

近义 唯命是从　百依百顺

反义 不卑不亢　桀骜不驯

释 唯唯、诺诺：都指表示同意的应答声。形容人没有主见，只知道听从、附和别人的意见。

春秋时期,晋国的大夫赵简子有个家臣叫周舍。有一次,他在赵简子的家门口站了三天三夜。赵简子听说后,出来问他:"请问先生是有什么要指教我的吗?"

周舍诚恳地说:"我想做您手下一个敢于直言劝谏的臣子,手里拿着笔墨和木牍,时刻跟随在您左右,看到您犯了过错就马上记录下来。每天坚持记录,时时提醒您要改正错误,一个月之后,肯定会有所成效,一年下来,收获就更大了。"赵简子听了非常高兴,从此进进出出都让周舍跟随在自己身边。可惜的是,没过多久周舍就去世了,赵简子非常伤心,下令厚葬了他。

自从周舍死后,赵简子每次上朝时都闷闷不乐。臣子们问他:"您这是怎么啦?是不是我们有什么做错的地方惹恼了您?"

赵简子叹了口气,说:"你们并没有什么错。只是我听说,一千张羊皮也比不上一只狐狸腋下的皮毛值钱。现在诸位上朝,我听到的只是一片'唯、唯'的应和之声,却听不到周舍的争辩之声了,我是因为这个而忧虑啊!"

正是因为赵简子有着这样从谏如流的态度,愿意听直言真话,及时改正自己的错误,赵地的人都愿意归附于他,晋国的人民也都倾向于他,为后来赵国的建立打下了坚实的基础。

例句

- 他思念父母面上,一体同气,听其教诲,唯唯诺诺,并不违拗。(明·冯梦龙《醒世恒言》)
- 班长在老师面前总是一副唯唯诺诺的样子,从不敢提出不同意见。

成语个性

本故事出自汉代司马迁的《史记·赵世家》,文中赵简子说的原话是:"吾闻千羊之皮,不如一狐之腋。诸大夫朝,徒闻唯唯,不闻周舍之谔谔,是以忧也。""谔谔"指的是直言敢谏的样子。后便用"唯唯谔谔"比喻阿谀奉承的臣子一味顺从,忠臣敢直言劝谏。后来又引申出"唯唯诺诺"这个成语。成语"一狐之腋"也出自这个故事,喻指珍贵稀少的东西。

余勇可贾
yú yǒng kě gǔ

春秋·左丘明《左传·成公二年》:"欲勇者,贾余余勇。"

释 贾:卖。还有多余的勇力可以出售。比喻还有剩余的勇力可以使出来。

近义 勇冠三军 勇不可当 **反义** 精疲力竭 筋疲力尽

春秋时期,齐国的国君亲自率领大军入侵鲁国北部边境,攻下了龙地。鲁国的盟国卫国趁齐国国内空虚,派出军队攻打齐国,没想到遇上得胜回朝的齐军,不光打了个大败仗,还把战火引到了自己国境内。

鲁、卫两国派人到晋国求援,晋国派出八百辆战车,由大将郤(xì)克率领,前来救援。齐军得知后赶紧往回撤。这天,晋、鲁、卫三国联军在靡笄(jī)山下追上齐军。齐君派人对郤克说:"您带着贵国的士兵大驾光临我国,但我国的士兵刚打完仗需要休整,希望能等到明天早上再交战。"

郤克却回答说:"我们晋国和鲁、卫两国都是结盟的兄弟国家,他们派人来跟我们说,齐国作为一个大国,仗着兵强马壮,在他们的国土上横行霸道。我们的国君实在看不下去了,于是派臣下来向齐国求情,同时叮嘱我说,我国大军不能长时间在贵国停留。所以说,我们的军

03 品质和性格 / 勇敢·余勇可贾

队只能前进，不能后退，没法按您的命令行事，还希望您能理解。"

齐君说："您如果答应，正是我们齐国所希望的；您如果不答应，那我们只好兵戎相见了。"

于是，战争开始了。齐军将领高固特别勇猛。他独自一人闯进晋军军阵中，捡起地上的石头朝晋军扔去，又跳上一辆晋军的战车，杀了驾车的士兵，把战车抢了回来。高固找了段桑树根系在车上当标记，回到齐国的军营，驾着车在军营中一边跑，一边对大家喊道："想要勇气的人，赶紧来买吧！我这儿还有多余的勇气可以卖！"齐军军心大振。

第二天两军再次交战时，由于齐君骄傲轻敌，扬言"等我消灭了敌人再回来吃早饭"，结果被晋军打败，齐君也险些被俘。战争结束后，齐国归还了侵占的鲁、卫两国的领土，和晋国议和。

例句

- 我军乘大捷之后，余勇可贾，无不一当百。（清·周世澄《淮军平捻记》）
- 老爸虽然快五十岁了，但在篮球场上依然是生龙活虎，余勇可贾。

成语个性

贾，不读 jiǎ。

不合时宜

bù hé shí yí

汉·班固《汉书·哀帝纪》:"皆违经背古,不合时宜。"

释 时宜：当时的形势需要或社会风气。不符合当时的形势或社会潮流。

近义 格格不入 冬扇夏炉

反义 随波逐流 与时俱进

苏东坡不仅是我国历史上著名的大诗人、大词人，还是北宋时期一名出色的政治家，他当过朝廷里的高官，也在很多地方当过地方官。杭州西湖的苏堤，就是苏东坡在杭州当太守时，为了疏通西湖而主持修建的。

不过，苏东坡的官场之路走得并不顺畅。他个性耿直，坚持自己的立场，不愿意逢迎权贵，因此多次被降职。但苏东坡没有因此而郁郁寡欢，在艰苦的环境中仍能保持乐观的心态，把坚持自己的意见、不随波逐流当成一种骄傲。

苏东坡有一个小妾名叫王朝云，她不仅长得漂亮、能歌善舞，人也机灵聪明，苏东坡非常喜欢她，还为她创作过好几首诗词。

有一次，苏东坡吃完饭在院子里散步。他一边走，一边摸着自己吃得饱饱的圆肚子，对身边的侍女们说："你们说说看，我这肚子里都装了些什么呀？"

一个乖巧的侍女说："大人饱读诗书，才华横溢，这肚子里呀，肯定是装了一肚子的诗书文章。"苏东坡微微笑了笑，摇了摇头。

另一个侍女说："大人读万卷书，行万里路，去过大江南北那么多地方，眼界开阔，这肚子里一定装满了见识。"苏东坡对这个回答也不是太满意。

这时王朝云说："依我看呀，大人肚子里装了一堆不合时宜的东西。"苏东坡听了她的话，乐得捧着肚子哈哈大笑起来，说："看来还是朝云最了解我。"

例句

闻得他因不合时宜，权势不容，竟投到这里来。（清·曹雪芹《红楼梦》）

"听话的孩子才是好孩子"，这样的教育观点已经不合时宜了。

成语个性

本故事出自宋代费衮(gǔn)的《梁溪漫志》。苏东坡还是一位美食家，著名的"东坡肉"就是他被贬到湖北黄州当官时发明的，他还为此写了一首诗：黄州好猪肉，价贱如泥土。富者不肯吃，贫者不解煮。慢着火，少着水，火候足时它自美。每日起来打一碗，饱得自家君莫管。

37

一意孤行
yí yì gū xíng

汉·司马迁《史记·酷吏列传》:"公卿相造请禹,禹终不报谢,务在绝知友宾客之请,孤立行一意而已。"

释 不听别人的劝告或是不顾主客观条件,固执地按照自己的意愿去做事。

近义 独断专行 固执己见 刚愎自用

反义 从善如流 从谏如流 博采众议

西汉时的赵禹原本只是地方上的一个小官员,后来当了丞相周亚夫的下属官员。丞相府里的人都称赞他为官清廉、办事公正,周亚夫却不喜欢他:"赵禹这个人很有才干,但是执法太过苛刻,我可不想把这样的人留在丞相府里。"

汉武帝即位后,有一次看到赵禹的文章,文笔犀利、条理清晰,对他非常赏识,提拔他当了司法官,并让他和另一位官员一起,负责修订和补充法律条文,用来约束办事的官员们。

古代很多官员都会在自己的府中养一些谋士,遇到事情时和他们一起商量,让他们帮着出主意,这些谋士称为食客。赵禹为官清廉,人也固执骄傲,他从当官以来,府里就没有招纳过食客,一来是他没有多余的薪水养食客,更重要的是,他不想让食客们七嘴八舌出的主意左右自己的想法。

赵禹向来执法严格,皇帝让他修订法律的消息一传出,有些官员就担心他制定出的法律条文太过严苛,将来会影响到他们,所以纷纷上门拜访。但赵禹从来不回访答谢,就是想断绝熟人朋友们的请托,一心一意地按照自己的原则办事。

赵禹后来制定出了"见知不举"的连坐法,就是说,如果一个官员犯了法,另一个官员知道后没有举报揭发,就相当于他在故意放纵别人犯罪,那么这个官员也要被判有罪。这样的法律一出来,各级官员们互相监督,纷纷检举揭发,弄得人心惶惶。从赵禹制定的这个法律开始,汉代执行法律就越来越严苛了。

成语个性

本成语出自故事原文中的"孤立行一意",指赵禹能排除外界干扰,坚持按原则办事,是个褒义词。后来人们从这句话中总结出"一意孤行"这个成语,指不听别人的劝告,固执地按照自己的意愿办事,成了一个贬义词。

品质和性格　固执·一意孤行

例句

- 但事实将会证明,一意孤行是要失败的,最主要的是他看不到人心所向,得不到人心!(王火《战争和人》)

- 他从不肯听别人的意见,办事总是一意孤行。

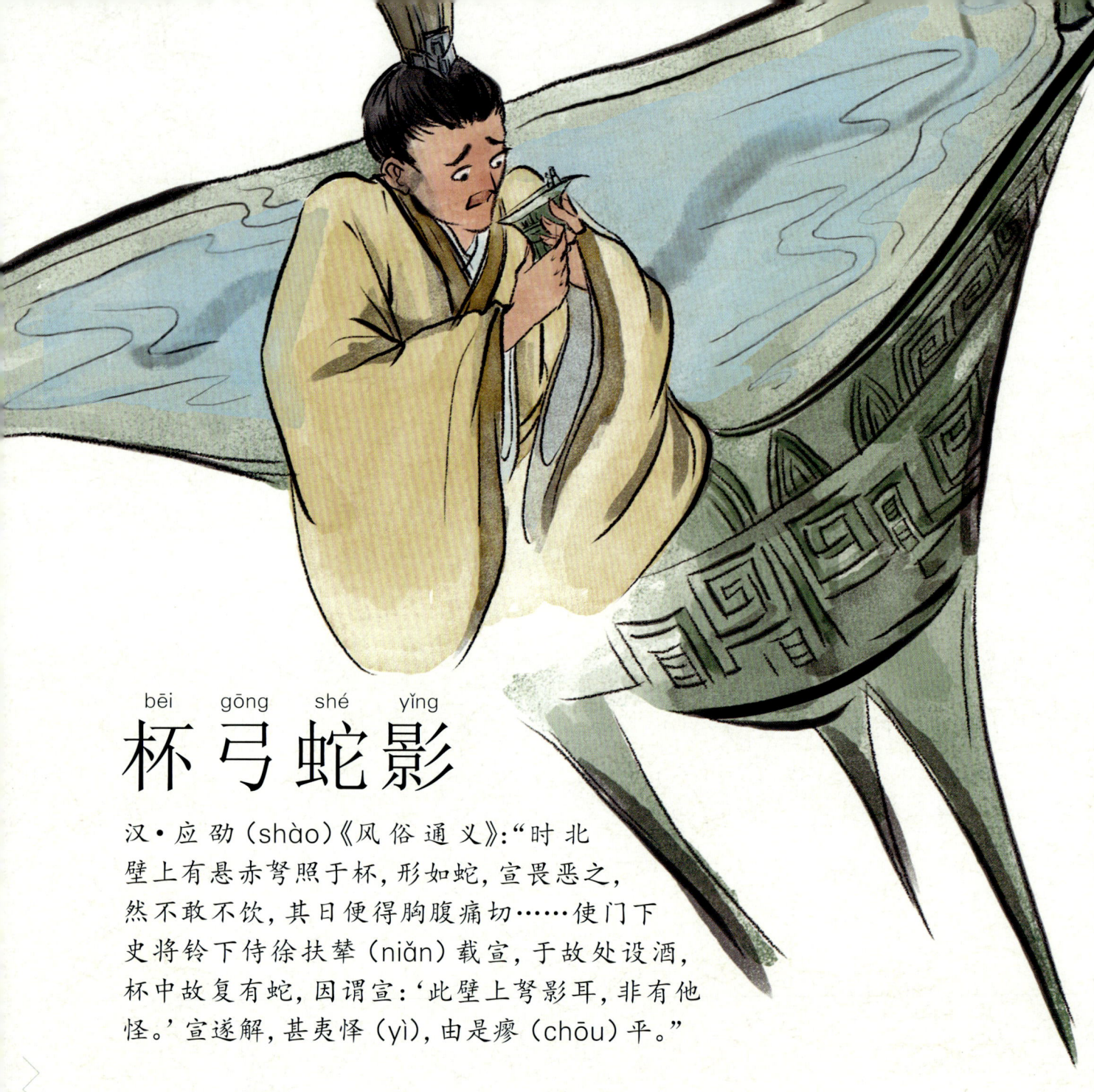

杯弓蛇影
bēi gōng shé yǐng

汉·应劭(shào)《风俗通义》:"时北壁上有悬赤弩照于杯,形如蛇,宣畏恶之,然不敢不饮,其日便得胸腹痛切……使门下史将铃下侍徐扶辇(niǎn)载宣,于故处设酒,杯中故复有蛇,因谓宣:'此壁上弩影耳,非有他怪。'宣遂解,甚夷怿(yì),由是瘳(chōu)平。"

释 误以为映在酒杯里的弓影是蛇。比喻疑神疑鬼,自己吓自己。

近义 草木皆兵 风声鹤唳 疑神疑鬼　　**反义** 泰然自若 安之若素 处变不惊

东汉的时候,有一位叫应郴(chēn)的官员。一次,他把一个叫杜宣的手下叫到家中来议事。商议完公事后,应郴摆了一桌酒菜,请杜宣留下来吃饭。

酒席上，应郴端起酒杯对杜宣说："来来来，我们一起饮了这一杯。"杜宣赶紧放下筷子，伸手去端面前的酒杯。手刚伸出一半，他突然看到，酒杯里赫然躺着一条小蛇，那小蛇似乎还在动呢！应郴见杜宣犹犹豫豫的，还以为是他太过拘谨，便热情地劝道："别客气，来，一起喝酒。"杜宣虽然心里很害怕，但又不好意思跟上司说自己杯子里有条蛇，只得端起酒杯，强忍着害怕和恶心，硬着头皮把这杯酒给喝了。酒刚一落肚，杜宣就觉得肚子里很不舒服，便找了个借口匆忙告辞了。

回到家后，杜宣的肚子绞痛不已，只觉得那条小蛇在肚子里窜来窜去，不断地啃咬着他的五脏六腑。请了大夫来看病，大夫却看不出他得的是什么病。前前后后找了好几个大夫，药也吃了不少，都没有一点效果，仍然是肚子痛，吃不下饭，杜宣一天天瘦了下来。

这天，应郴因为公事到杜宣家去找他，见到他后大吃一惊，才几天不见，杜宣整个人瘦了一大圈。应郴忙问他出了什么事。到了这时候，杜宣也不好隐瞒了，只好说："那天在大人家吃饭，酒杯里有一条蛇，我给喝下去了，从那以后就一直腹痛如刀绞，想来我也活不了多久了。"

应郴回到家中，在屋子里走来走去，心想，酒里怎么可能会有蛇呢？他抬起头，突然看到挂在墙壁上的一张弓，弯弯曲曲的样子还挺像一条蛇的，心里顿时恍然大悟。

应郴赶紧派两个人抬了一顶小轿把杜宣接来，又在家里摆上一桌酒席，并请杜宣坐在上次坐的位置上。杜宣往酒杯里一看，吓得大叫起来："蛇！杯子里又有一条蛇！"应郴哈哈大笑着说："你说的是这个吗？"他边说边把挂在墙上的那张弓取了下来。杜宣再往杯子里看去，里面的蛇果然没有了。

原来，杜宣看到的蛇，不过是墙上的弓映在酒水里的影子。误会解开，杜宣顿时觉得浑身轻松，肚子也立刻不痛了，病很快就好了。

例句

🍀 况杯弓蛇影，恍惚无凭，而点缀铺张，宛如目睹。（清·纪昀《阅微草堂笔记》）

🍀 妈妈总是杯弓蛇影，听到外面电子锁报警的声音，就以为是哪儿着火了。

杞人忧天

qǐ rén yōu tiān

战国·列御寇《列子·天瑞》:"杞国有人忧天地崩坠,身亡所寄,废寝食者。"

释 杞:周代诸侯国名,在现在的河南省杞县。忧天:担心天塌下来。比喻缺乏根据或是不必要的忧虑。

近义 庸人自扰

反义 无忧无虑

古时候,杞国有一个很胆小的人,我们就称他为"杞人"吧。

杞人总是担心天会塌下来,地会陷进去,自己没处躲、没处藏。因为这,他成天吃不下饭,睡不好觉,每天都生活在恐惧之中。

杞人的一个朋友知道后,对他说:"天,是气积聚而成的,我们的周围都充满了气。你一举手一抬足,一呼一吸,都是在天空之中,为什么还要担心它会塌下来呢?"

杞人又问:"如果天真的是气积聚起来的,那天上的太阳、月亮和星星不会掉下来吗?"

朋友说:"日月星辰,只是积聚起来的气中会发光的物体,即使掉下来,也不会砸坏什么。"

杞人问:"那如果地陷下去了该怎么办?"

朋友说:"地是积聚起来的土块,到处都有土块。你在地面上行走踩踏,整天都待在地面上,为什么要担心它会陷下去呢?"杞人听了,觉得朋友说得很有道理,终于放下心来。

楚国的长庐子听说后,哈哈大笑着说:"彩虹云雾、风雨寒暑,这些是气在天上积聚而形成的。山岳河海、金石火木,这些是有形之物在地上积聚而形成的。既然知道它们是气的积聚,是土块的积聚,为什么说它们就不会毁坏呢?担心它们会崩陷的人,眼光很长远;说它们不会崩陷是不正确的。天地不可能不毁坏,总有一天会天崩地陷,怎么能不担忧呢?"

列子听说后,笑着说:"说会天崩地陷的不对,说天地永远不会崩坏的也不对。到底会不会有天塌地陷的那一天,不是我们所能知道的。现在是这样,将来会是那样,就像活着的人不知道死后会怎样,死了的人也不再知道活着会是什么样子。我们为什么要去想天地会不会崩塌这样的事呢?"

03 品质和性格／多疑・杞人忧天

例句

🍄 我从前老想大学生是有思想的人，各个性格不同，意见难免分歧，现在一看这种融融泄泄的空气，才明白我是杞人忧天。(梁遇春《"还我头来"及其他》)

🍄 各种版本的"世界末日"传言，到后来都被证明只不过是杞人忧天。

成语个性

注意，"杞"字的右边是"己"，不是"已"。本成语故事出自战国时期的《列子》，故事中对天地的解释是当时的人们对于自然的理解。我们通过学习科学知识，知道了天虽然不会塌下来，但天空的臭氧层已经出现破洞；而当地震发生时，地面也会下陷。这个故事说明，几千年前的古人就已经在思考宇宙的问题，就像现在的科学家在讨论宇宙有一天会不会毁灭一样。

庸人自扰
yōng rén zì rǎo

宋·欧阳修、宋祁《新唐书·陆象先传》:"天下本无事,庸人扰之为烦耳。"

释 庸:平庸。扰:烦扰。指本来没有事,平庸的人却自寻烦恼。

近义 杞人忧天　**反义** 无忧无虑

陆象先是唐朝时的一位官员。

唐玄宗李隆基的父亲唐睿宗在位时，他的妹妹，也就是唐玄宗的姑姑太平公主，一心想要自己当皇帝。为了培植自己的力量，太平公主打算向皇帝推荐一个叫崔湜（shí）的官员担任宰相。崔湜知道后，对太平公主说："陆象先在朝中名望最高，如果他不当宰相，我是不敢当的。"太平公主没有办法，只好举荐陆象先和崔湜一同当上了宰相。

当时，太平公主的权势很大，皇帝要做什么决定，都要先征求她的意见，去依附她的官员数不胜数。陆象先虽然是通过太平公主的推荐当上的宰相，但从来没有私下去拜访过她。

后来，唐睿宗退位，把皇帝的位子让给李隆基，自己当了太上皇。太平公主没能当上皇帝，愤愤不平，她把宰相们召来商议，想要废掉李隆基这个皇帝，陆象先却说："皇上因为有功被立为皇帝，有罪才可以被废掉。现在没听说皇上有什么罪过，为什么要废掉他呢？"

太平公主非常愤怒，于是和心腹们一起商量发动政变，夺取帝位。后来政变失败，太平公主被赐死。陆象先因为是公主推荐的人，照理讲也要作为公主的同党一起被诛杀，但唐玄宗知道他和太平公主不是一伙的，不仅免了他的死罪，还封他为兖（yǎn）国公。唐玄宗下令进一步清查太平公主的同党，陆象先暗中保护营救，保全了很多官员，稳定了朝廷中的局面。

后来，陆象先离开京城去地方上当官，处理政事非常宽厚。他的手下对他说："大人应该用严厉的刑罚来树立自己的威信，要不然，百姓都不会怕您。"陆象先却说："我不需要别人怕我。当官为政，为的是百姓能安居乐业，为什么要用刑罚来树立威信呢？"

有一次，一个小吏犯了罪，陆象先和他谈了一通话，指出他的错误，让他以后不要再犯，说完就让他走了。另一个小官却认为，小吏犯罪应该被打板子。陆象先说："人的本性都是差不多的，你是觉得他听不懂我说的话吗？如果一定要通过打板子来教育人，那就从你开始吧。"那人听了非常惭愧，赶紧退下了。

陆象先曾经说："天下本来没有什么麻烦事，只是那些平庸、愚蠢的人整天折腾，才生出了许多麻烦。只要从源头开始清理，还用担心事情不会变简单吗？"所以他去当过官的地方，官吏和百姓都很怀念他。

例句

🍀 事情早已过去了，谣言早已传遍全城了，何必庸人自扰，看做了不得。（茅盾《虹》）

🍀 考试已经考完了，考好考坏都已成定局，你就不要再整天想着这事，庸人自扰了。

亡命之徒

wáng mìng zhī tú

唐·令狐德棻(fēn)《周书·郭彦传》:"亡命之徒,咸从赋役。"

释 亡命:逃亡在外。原指逃亡在外的人。后多指冒险犯法不顾性命的歹徒。

近义 不逞之徒　　**反义** 安分守己

　　唐朝末年,河北、山东一带有个割据一方的官员叫乐彦桢,乐彦桢有个儿子叫乐从训。乐从训胡作非为,干了不少坏事,令父亲头疼不已。

　　有一天,有个去任地上任的大官路过此地,他带着一支庞大的车队,车上装载了不少金银财宝,还有三百名随从和侍女。乐从训得知消息后,立刻带上一批歹徒埋伏在路边。等到对方走进包围圈,他一声令下,众歹徒一拥而上,挥着刀剑一阵乱砍乱杀。那名大官被当场杀死,随从和侍女也死的死、逃的逃,车上的金银财宝全被抢走了!

　　自己的儿子犯了法,怎么办?乐彦桢又气又急,左思右想一番,最后还是起了包庇之心,向朝廷上报那官员是被一群来路不明的强盗所杀,乐从训得以安全脱身。

　　在父亲的庇护之下,乐从训的胆子变得越来越大,犯下的罪行也越来越多。最后,这家伙干脆召集了五百多个亡命之徒占山为王,四处打家劫舍,无恶不作,老百姓非常气愤。

　　此时,乐彦桢刚刚升了大官,乐从训打着父亲的名号招兵买马,继续作恶。朝廷怀疑乐彦桢有造反之心,便罢免了他的官职。乐彦桢连气带病,不久就去世了。

　　借着父亲病死一事,乐从训带着三万多人杀到城下兴师问罪。守城主将一看,吓得战战兢兢(jīng),不敢出城迎战。在这紧要关头,城内的人们推举大将罗弘信为元帅,率军出战,杀得乐从训大败而逃。

　　乐从训打了败仗哪会善罢甘休?没过多久,他整顿起残余的兵马,又发起了第二次攻击。这一回,罗弘信没有亲自出战,而是派出一名部将去指挥大

04 坏人和丑类·坏人·亡命之徒

军,将来犯之敌杀得片甲不留,并当场杀了乐从训——为患一方的祸害终于被铲除了!

例句

- 原来这个凶手是匪军一旅马希山的部下——杨三楞。身强力大,一手好枪法,能喝酒,是个不怕死的亡命之徒。(曲波《林海雪原》)
- 他原本是个杀富济贫的英雄好汉,后来却沦为无家可归的亡命之徒。

成语个性

本故事出自《旧唐书·乐彦祯列传》。在本成语更早的出处《周书·郭彦传》中,"亡命之徒"的本意是指那些改名换姓、逃亡在外地的人。后来,该成语从中演变而出,词意也渐渐变为不顾性命冒险犯罪的人。

始作俑者
shǐ zuò yǒng zhě

战国·孟轲《孟子·梁惠王篇》:"仲尼曰:'始作俑者,其无后乎!'为其象人而用之也。"

释 俑:古代殉葬用的木制俑人或陶制俑人。本意指当初发明用俑殉葬的人,常用来比喻首先做某件坏事的人,或是恶劣风气的创始者。

近义 元凶巨恶 罪魁祸首

春秋战国时期,中国出现了两位很有名的圣人,一个是孔子,另一个是孟子,二人合称"孔孟"。很多国家的君王、大臣和名士都与这两位圣人有过交流,学到了不少智慧和学识。孟子和魏国的君主梁惠王就有过一番对话。

孟子问梁惠王:"用木棍打死人和用刀子杀死人,有什么不同?"

梁惠王说:"没有什么不同。"

孟子又问:"用刀子杀死人和用政治手段害死人有什么不同?"

04 坏人和丑类 / 坏人·始作俑者

梁惠王说:"也没有什么不同。"

孟子这才说出了他真正想说的话:"大王的厨房里有的是肥肉,马厩里有的是壮马,可是外面的老百姓呢,一个个吃不饱饭,面黄肌瘦,野外还躺着许多饿死的人——这是当权者带着野兽在吃人啊!请您想一想,野兽之间相互啃食都非常令人厌恶,那么当权者带着野兽去吃人,又怎么可能当好老百姓的父母官呢?"

梁惠王听了默然不语。孟子继续说:"孔子曾经说过,第一个用俑来陪葬的人,大概不会有后代吧!您看,圣人都不赞成用人形的俑去陪葬,身为一国之君的大王又怎么可以让老百姓活活饿死呢?"听了这番话,梁惠王顿觉羞惭不已。

成语个性

在春秋战国之前的商朝,流行用活人给死去的人陪葬,这是一种非常残忍的习俗。到了周朝,便改用草扎的人代替真人。在孔子生活的时代,可能有人觉得草人不像真人,于是用陶土、木头做成外形逼真的人偶,用来代替草人殉葬。在孔子看来,用太像真人的偶殉葬也是不仁义的。这个故事还产生了另一个成语——率兽食人,意思是带领着野兽来吃人,多用来比喻统治者残暴虐害人民。

例句

🍂 北镇抚司狱廷杖立枷诸制,此秦法所未有,始作俑者,罪可胜道哉!(清·张潮《虞初新志·姜贞毅先生传》)

🍂 查出这些网络谣言的始作俑者,一定要严加惩处!

丧家之犬
sàng jiā zhī quǎn

汉·司马迁《史记·孔子世家》：
"东门有人……累累若丧家之狗。"

释 原指无家可归的狗，比喻失去依靠，无处投奔，到处乱窜的人。也比喻落魄不得志的人。

近义 流离失所　　**反义** 向火乞儿

孔子是中国历史上著名的大教育家，传说他教过的学生总共有三千人，其中七十二名弟子都取得了很大的成就。

孔子是个大器晚成的学者，他三十岁时开始办学讲课，吸引了大批弟子，但直到五十岁的时候，才在鲁国当了一名小官。几年过去，由于工作出色，鲁国的国君鲁定公给孔子连连升职。可是，孔子的志向不在做官上。五十五岁那年，他辞去官职，率领弟子周游列国。

他们去了卫国、陈国、宋国等国家，可是哪儿都没有他们的落脚之地。于是，一行人又来到了郑国。在郑国都城的东门外，孔子和弟子们走散了，他只好孤零零地站在城门下等弟子们来找他。

弟子子贡到处寻找老师，可是哪儿都没有发现。有个路人见他一脸焦急，便问他怎么回事。子贡说："我在找我的老师，你看见了吗？"

路人回答："我刚才出城时，看到东门外有个老头东张西望，像是在等人。"

子贡急切地问："他长得什么样子？"

路人说："老头穿得不伦不类，看上去比较古怪。他的脑门像尧（yáo）帝，脖子像皋陶（gāo yáo），肩膀像子产，可是腰部以下要比大禹短了三寸呢。整个人一副疲惫不堪的样子，活像一条丧家之狗，那是你的老师吗？"

子贡一听，来不及回答便赶紧奔向东门。在那里，他果然找到了孔子，并把路人的话说给他听了。孔子笑道："人家说我像这像那，未必是真像，说我像丧家之狗，倒的确是说对了！"

04 坏人和丑类 / 丑类·丧家之犬

📕 例句

🍂 关已失了，急得如丧家之犬，漏网之鱼，只得落荒而走。（清·钱彩《说岳全传》）

🍂 在我军的猛烈攻势下，日军被打得屁滚尿流，犹如丧家之犬一般四散奔逃。

成语个性

也写作"丧家之狗"。关于这个成语的本义，除了"无家可归的狗"之外，还有另一种说法，指办丧（sāng）事的人家的狗，主人因为忙于丧事，顾不上喂养狗，所以家里的狗看上去可怜兮兮的。

51

鸡鸣狗盗

jī míng gǒu dào

汉·司马迁《史记·孟尝君列传》："最下坐有能为狗盗者，曰：'臣能得狐白裘。'乃夜为狗，以入秦宫臧中，取所献狐白裘至，以献秦王幸姬……孟尝君至关，关法鸡鸣而出客，孟尝君恐追至，客之居下坐者有能为鸡鸣，而鸡齐鸣，遂发传出。"

释 鸣：叫。盗：偷东西。学鸡叫骗人，学狗去偷盗，指某些偷偷摸摸不正当的行为。也用来形容低下卑贱的技能。也指有这种行为或技能的人。

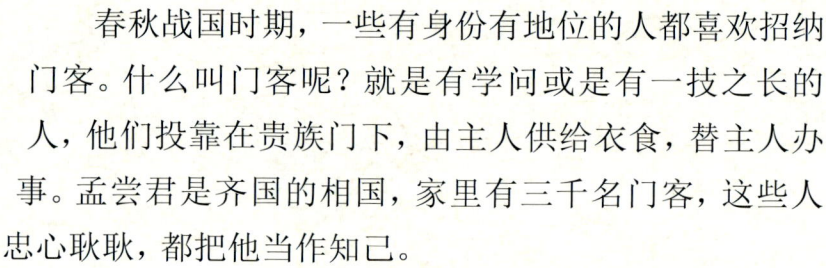

近义 雕虫小技　　**反义** 光明正大

春秋战国时期，一些有身份有地位的人都喜欢招纳门客。什么叫门客呢？就是有学问或是有一技之长的人，他们投靠在贵族门下，由主人供给衣食，替主人办事。孟尝君是齐国的相国，家里有三千名门客，这些人忠心耿耿，都把他当作知己。

有一次，孟尝君带着一行门客前去拜访秦国。秦昭王知道这个人很有才华，想邀请他来当秦国的相国。一位大臣说道："大王，孟尝君确实能干，但他是齐国人，如果当了秦国的相国，肯定会先替齐国办事，然后才会想到秦国。那样一来，秦国不就很危险了吗？"

对呀！既然用不了他，那就除掉他！秦昭王立刻改变了主意，下令将孟尝君先关起来。

孟尝君一看形势不妙，赶快派出一名心腹去求助秦昭王最宠爱的妃子。妃子倒也乐意帮忙，但她提出了一个条件："我想要那件天下无双的白狐狸皮袍子。"

这可如何是好？孟尝君犯了难。要知道，他只有一件白狐狸皮袍子，已经献给秦昭王了，哪有第二件再送给妃子呢？

正当一筹莫展之时，一位随行的门客表示愿意效力。这个门客其他本事没有，但他擅长学狗叫。当天夜里，他一边装狗叫一边钻进秦昭王放皮袍的屋子里，神不知鬼不觉地偷出了白狐狸皮袍子。孟尝君一转手，将袍子送给了妃子。妃子乐得眉开眼笑，在秦昭王面前说了不少好话，请求释放孟尝君，秦昭王最终同意了。

孟尝君是个心思缜密的人，他担心秦昭王事后反悔，赶紧带着随从们出了秦宫连夜奔逃。可是，一行人跑到秦国的出境关口函谷关时，却被挡住了！为什么呢？因为秦国的边关法律规定：每天鸡叫以后才能开关放人。这可怎么办？众人面面相觑。偏巧，随行的队伍中还有一个会学鸡叫的门客。"喔喔喔——"他学了几声公鸡的啼鸣，引得关中所有的公鸡一起鸣叫起来。守关的士兵一听，以为天亮啦，便打开关门放走了这一行人。

果然，没过多久，秦昭王就后悔放了孟尝君。他立刻派出一队人马追到函谷关，可惜的是，这时候孟尝君等人已经逃出关外很远很远了。

例句

报仇的这桩事，是桩光明磊落、见得天地鬼神的事，何须这等狗盗鸡鸣，遮遮掩掩。（清·文康《儿女英雄传》）

做人要做光明磊落的君子，不要去当鸡鸣狗盗之辈。

成语个性

在孟尝君的故事里，"鸡鸣"和"狗盗"指的是两项技能，指某些不起眼的小技能有的时候也能派上大用场，略带褒义。但在后来的演变中，"鸡鸣狗盗"已成为一个形容本领低下或行为不正当的贬义词。

梁上君子
liáng shàng jūn zǐ

南朝宋·范晔《后汉书·陈寔传》:"不善之人未必本恶，习以性成，遂至于此。梁上君子者是矣！"

释 梁：房梁。躲在房梁上的君子，代指窃贼。现在有时也用来指上不着天、下不着地，脱离实际的人。

近义 偷鸡摸狗　**反义** 正人君子

东汉时期，有个人名叫陈寔（shí），他在汉桓帝和汉灵帝时期都当过官，为人正直，处事公正，是个德行高尚的好人。

这一年遇上了大灾荒，老百姓的生活过得非常艰难，很多年轻人为了填饱肚子干起了偷鸡摸狗的勾当。

一天晚上，一个小偷悄悄溜进陈寔家里，爬上了房梁，准备等主人熟睡之后偷些值钱的东西。

陈寔无意中一抬头，恰好发现房梁上垂下的一片衣衫，有小偷？他想了想没有吭声，却把儿子、孙子都叫进屋里，自己端坐在椅子上，严肃地说："人活在世上，什么时候都要严谨自律，不要放松对自己的要求，长此以往才能有所成就。那些干坏事的人，并不是天生的坏人，只是因为染上了坏习惯，又不知道该如何克制，一味任其发展下去，天长日久，本来能够成为正人君子的人，也渐渐变成了小人。那位待在房梁上的君子，大概就是这样的人吧。"

听到这里，房梁上的小偷又是羞愧又是害怕，只好硬着头皮跳下来，向陈寔叩头认罪。陈寔把他叫起来，说："看你的模样并不像一个坏人，现在做出坏事大概是被生活所逼吧。记住我刚才说的话，以后别再当小偷了。"

说完，他让家人取来两匹绢，送给小偷去做一点儿小买卖。那小偷感激涕零，连连拜谢后才离去。

这件事情传出去以后，周围的乡亲们更加敬佩陈寔。受他的影响，一些染上坏习惯的年轻人也开始改过自新。

04 坏人和丑类 / 盗贼·梁上君子

例句

- 吾近护魏王葬，得数千缗（mín），略已散去，此梁上君子当是不知耳。（宋·苏轼《东坡志林》）
- 有些社会上的年轻人混进校园，目的就是为了当一把梁上君子，偷些值钱的财物。

成语个性

"君子"本来是指很有德行的人，陈寔把小偷称为"梁上君子"，含有讽刺之意。

一丘之貉

yì qiū zhī hé

汉·班固《汉书·杨恽传》："若秦时但任小臣,诛杀忠良,竟以灭亡,令亲任大臣,即至今耳,古与今如一丘之貉。"

释 丘:土山。貉:一种像狐狸的野兽。一座土山里的貉。比喻彼此都是坏家伙,没有什么差别。

近义 狐朋狗友

反义 薰莸异器

04 坏人和丑类 / 勾结·一丘之貉

汉宣帝时期,有个人叫杨恽(yùn)。杨恽的母亲是著名史官司马迁的女儿,父亲是大将军霍光手下的官员,后来又当上了丞相。

霍光死后,他的儿子想要谋反,杨恽探知消息后,向汉宣帝告密,于是整个霍家被灭族。杨恽因为揭发有功,当上了中郎将,还被封为平通侯。

那时候,朝廷里刮起一股行贿之风,有钱的官员到处买官卖官,没钱的官员只能埋头苦干,各种不公平的现象层出不穷。杨恽当了中郎将以后,想办法刹住了这股歪风邪气,把那些不良问题全部清除,官员们纷纷竖起了大拇指。

杨恽年纪轻轻就立下了大功,自以为很了不起,便不再把其他大臣放在眼里,还常常私下里讥讽汉宣帝,得罪了不少人。有一次,大臣戴长乐被抓起来打入大牢,他怀疑是杨恽告的密,便在狱中写了一封告状信:"杨恽听匈奴投降过来的人说,匈奴单于被杀死了,他便公开说,'昏庸的君王大多都是这种下场。摊上一个昏君,当臣子的提出好建议却不被采纳,反倒给自己招来灾祸。就像当年秦二世重用小人,杀害忠良,后来就亡了国。如果他愿意任用贤明的大臣,也许秦王朝能持续到现在呢!可见自古以来的昏君都是同一个山丘里的貉,没有什么差别!'这是杨恽在借此诽谤当今皇上呀……"

看了告状信,汉宣帝气得胡子都翘起来了,一怒之下将杨恽削去官职,贬为一个普通的老百姓。

例句

- 然而陈陈相因,一丘之貉,未闻有能为史界辟一新天地。(梁启超《新史学》)
- 这些家伙都是一丘之貉,没有一个好人!

成语个性

貉,不要读成 hè。

沆瀣一气

hàng xiè yí qì

宋·王谠（dǎng）《唐语林·补遗》："座主门生，沆瀣一气。"

释 沆瀣：夜间的水汽，这里指唐时的崔沆、崔瀣。指气味相投的人结合在一起。

近义 臭味相投 狼狈为奸　**反义** 志同道合 同仇敌忾（kài）

唐朝时，许多读书人都热衷于参加科举考试，因为考中了就能当官，这是古代很多读书人的梦想。

有一年，京城长安举行了一次大规模的考试，全国各地的读书人纷纷赶来应考。这次的主考官名叫崔沆，他批阅卷子时，发现有个叫崔瀣的考生很有才华，心里不由得大加赞赏。

崔瀣的确是个优秀的年轻人，饱读诗书、才华满腹，他自己也感觉考得不错，便在长安多玩了几天。

发榜的日子到了，所有的考生前来围观，崔瀣也挤在人群中仔细看榜文——有他的名字！崔瀣考中了！

按照当时的习俗，考

中的学子都算是主考官的"门生",而主考官就是他们的"座主",门生应该称座主为"恩师"。中榜以后,门生都要去拜谢恩师,崔瀣自然也不例外。

见到这位与自己同姓的考生,崔沆心里格外高兴。当时,许多人都围在崔府门前看热闹,看到两人站在一起,人群里顿时爆发出一阵大笑。

怎么回事?原来,他们两人不仅同姓,而且名字连在一起正好是"沆瀣"一词。"沆瀣"的意思是夜间的水汽或雾露。名字竟有如此巧合,实在是难得。有些爱凑趣的围观者还编了句玩笑话:"座主门生,沆瀣一气。"意思是,师生两人就像是夜间的水汽连在了一起。

这本来是一句玩笑话,并不含有贬义,而且崔沆和崔瀣之间也不存在串通作弊的情况。不过,后来听说崔瀣连连高升,很多人对此怀有疑虑,便借"沆瀣一气"来暗指两人之间存在着不可告人的关系。渐渐地,这句玩笑话就演变成了一个含有贬义的成语。

🍄 例句

皓东的敏锐活泼,和胜佛的豪迈灵警,两雄相遇,尤其沆瀣一气。(清·曾朴《孽海花》)

这几个贪官沆瀣一气,几年间贪污受贿的财物竟达几亿之巨。

成语个性

"沆瀣一气"由崔沆、崔瀣的名字引申而来,用来指气味相投的人结合在一起,后来逐渐带上了贬义,现在多用来讽刺那些臭味相投的人互相勾结在一起。

上下其手
shàng xià qí shǒu

春秋·左丘明《左传·襄公二十六年》："（伯州犁）上其手，曰：'夫子为王子围，寡君之贵介弟也。'下其手，曰：'此子为穿封戌，方城外之县尹也。谁获子？'"

释 上：手向上抬高。下：手压低放下。指玩弄手法，串通作弊。

近义 串通一气 沆瀣一气 狼狈为奸

反义 明镜高悬 冰炭不同炉 薰莸不同器

　　春秋时期的楚国，是实力雄厚的大国。有一年，楚国君主楚康王派兵攻打郑国，派出了英勇善战的将领穿封戌（xū）和自己的弟弟公子围领兵。

　　楚国轻而易举就打败了弱小的郑国，更厉害的是，穿封戌还抓住了郑国将领皇颉（jié）。楚军凯旋而归，可是楚王的弟弟公子围却说郑国将军皇颉是他抓住的。穿封戌听了非常生气，想到在战场上，公子围胆小怕事，与敌军作战时能躲则躲，现在却跑出来和自己争功，就跟公子围争辩道："皇颉明明是我抓住的，公子围你这人怎么能说假话啊！"

　　公子围也不甘示弱，坚持说："皇颉就是我抓的，你穿封戌才是在说假话呢！"

　　这两个人你一言，我一语，争执了很久。楚康王被他们吵烦了，就摆摆手，示意他们别说了，然后把宰相伯州犁请出来，让他说句公道话。

　　伯州犁仔细想了想，对大家说："其实辨别这件事的方法很简单，那就是让皇颉自己说，究竟是谁抓住的他。"

　　公子围是楚国贵族，有权有势，伯州犁一心想讨好他。于是当皇颉被带到众人面前的时候，伯州犁对他进行了暗

示。他先将手向上高高抬起，介绍道："这位是楚王尊贵的弟弟公子围。"然后将手放下并尽量压低说："这位是楚国北边小城的一位县官穿封戌。现在你说说，究竟是谁抓住了你？"

虽然皇颉心里很清楚，抓住自己的是穿封戌，但这也让他对穿封戌恨之入骨。加上伯州犁这么明显的暗示，皇颉希望借助楚国贵族的力量，能够获得释放，因此马上说："抓我的人是公子围，他当时可真是太英勇了，我心服口服！"

这下公子围获得了封赏，而穿封戌不仅没有获得赏赐，还被贬了官职。更让人感到气愤的是，说了谎话的皇颉，不久后竟然真被释放了。

倒是伯州犁最后的结果事与愿违。他上下其手，原本以为能够讨好公子围，谁知后来，公子围为了篡权，考虑到伯州犁是楚康王的亲信，不仅没重用他，还贬了他的官职，让他去修城墙。

公子围成功夺位，成为楚灵王后，最终将伯州犁处死了。

坏人和丑类／勾结·上下其手

04

例句

🍂 因此他一到工上，先把前头委的几个办料委员，抓个错，一齐撤差，统通换了自己的私人，以便上下其手。（清·李宝嘉《官场现形记》）

🍂 这些人非法占有国家财产，上下其手，贪赃枉法，理应受到法律的严惩。

趋炎附势
qū yán fù shì

元·脱脱《宋史·李垂传》:"今已老大,见大臣不公,常欲面折之。焉能趋炎附热,看人眉睫,以冀推挽乎?"

释 趋:迎合。炎:热,这里比喻有权势的人。附:依附,归附。指巴结、依附有权有势的人。

近义 阿谀奉承　**反义** 刚正不阿

宋真宗时期,丁谓当上了宰相。这个家伙掌握着大权,许多人都去巴结他,换来了不小的官职。

当时，朝廷里有个很有才干的小官，名叫李垂，他对官场上这一套拍马屁的作风非常反感，从来不去拜访丁谓，也因此一直没有得到重用。有人问他为什么不去，李垂说："身为宰相，丁谓从来没有公正地处理事务，有负朝廷的重托和百姓的期望。这样的人，我为什么要去拜访呢？"

没过多久，这话传到了丁谓的耳朵里。丁谓气得牙齿咬得咯咯响，却又不好当场发作。他暗暗记下了这笔账，后来终于找了个机会，把李垂派往遥远的外地当了一个更小的官。

宋真宗死后，宋仁宗当了皇帝。宋仁宗不喜欢丁谓，把他降职派往一个不知名的小地方，过后不久，又将李垂召回了京都。

朝中有些大臣知道李垂很有才能，便向新任宰相吕夷简大力推荐他。吕夷简却说："这个李垂是谁呀？我也不认识啊。先让他来见见我再说吧。"李垂的好朋友便劝他说："你去新任宰相那里拜访一下，我们也好帮忙说话。"李垂回答说："当年我如果去拜访丁谓，可能早就当上了翰林学士。现在我年纪都这么大了，老脾气也改不了了，又怎么可能会走近火堆，依附热气，看人家脸色行事，以换取人家的提携呢？"

这话后来被吕夷简听到了，这位新宰相很是气恼，于是又把李垂贬到外地去了。

例句

无奈他父亲又是个明道理、尚气节的人，不同那趋炎附势的世俗庸流。（清·文康《儿女英雄传》）

一个趋炎附势的人只会对权势有兴趣，怎么可能值得深交呢？

成语个性

这个成语在故事原文中为"趋炎附热"，因为"热"和"势"这两个字有些相像，后来就逐渐演变成了"趋炎附势"，想要表达的意思都是一样的。

仰人鼻息
yǎng rén bí xī

南朝宋·范晔《后汉书·袁绍传》:"袁绍孤客穷军,仰我鼻息,譬如婴儿在股掌之上,绝其哺乳,立可饿杀。"

04 坏人和丑类／依附·仰人鼻息

释：仰：倚靠。鼻息：鼻腔呼吸的气息。比喻自己没有办法独立存活，必须要依赖别人，引申为看人脸色行事，不能自己做主。

近义：傍人门户　寄人篱下
反义：自力更生　自食其力

东汉末年出现了两大军事势力，一方是袁绍的军队，另一方是董卓的军队。这一年，袁绍点齐兵马，打算讨伐董卓，并将董卓的部将韩馥（fù）统治的冀州地区列为攻占目标。

此时，袁绍的谋士献出一条妙计，他建议袁绍写信给另一支军事势力，即大将公孙瓒（zàn），让他领军进攻冀州，同时派出说客赶往冀州去见韩馥。

袁绍派来的说客对韩馥说："公孙瓒已经南下，袁绍也即将发兵，你已经处于非常危险的境地，不如主动把冀州献给袁绍吧。那样你既可以获得让贤的美名，还能保住身家性命，实为两全之策呀。"

韩馥这个人生性怯懦，他一听说客的话，觉得很有道理，就打算把冀州让给袁绍。可他的谋士们纷纷反对，部将耿武站出来说道："冀州有百万军士，有可以支撑十年的军饷。袁绍的军队远道而来，本就非常疲惫，再加上粮草不足，战斗力比较差。两方对阵，冀州即使没有全胜的把握，但抵抗对方也绰绰有余了。现在的袁绍根本无法自立，必须依靠我们鼻子里呼出的气息才能勉强存活，就好像一个嗷嗷待哺的小婴儿，我们只要断了他的奶，他立刻便会饿死。形势如此分明，你为什么还要把我们的地盘拱手相送呢？"

尽管耿武说得有理有据，韩馥却说："我是袁绍的老部下，才能也不如他。客观评价自己的德行才干，把位置让给比自己强的人，这是古人所看重的行为。为什么你们都要反对呢？"在他的坚持下，冀州最终还是献给了袁绍。

例句

🍂 战争乱世，中外古今英雄都要善于利用，你我何必做庸人老是要仰人鼻息呢？（王火《战争和人》）

🍂 做人做事一定要自立自强，否则就得过上看人脸色、仰人鼻息的日子。

成语个性

在故事原文中，这个成语为"仰我鼻息"，后来演变成"仰人鼻息"，也可写作"仰承鼻息"。

狐假虎威
hú jiǎ hǔ wēi

汉·刘向《战国策·楚策一》:"虎求百兽而食之,得狐。狐曰:'子无敢食我也。天帝使我长百兽……吾为子先行,子随我后,观百兽之见我而敢不走乎!'虎以为然,故遂与之行。兽见之皆走。虎不知兽畏己而走也,以为畏狐也。"

释 假:借。狐狸借着老虎的威风。常用来比喻倚仗他人的势力去吓唬、欺压别人。

近义 狗仗人势 仗势欺人

战国时期,楚国有一位很厉害的大将,名叫昭奚恤(xī xù),北方各个诸侯国都害怕他。楚宣王觉得挺奇怪,一直想弄明白这是怎么回事。

有一次在朝廷会议上,趁着昭奚恤不在,楚宣王向众位大臣问道:"我听说北边的邻国都很惧怕昭奚恤,果真有这回事吗?"

大臣江一朝前走了一步,回答道:"大王,邻国并不是惧怕昭奚恤,而是惧怕您呀。"接下来,他讲了一个故事。

从前,森林里有一只威风凛凛的大老虎。有一次,它抓住了一只小狐狸,准备大吃一顿。狡猾的狐狸急中生智,不紧不慢地说:"我是天帝派来的百兽之王!你要是敢吃我,就等于违背了天帝的命令,要受到上天的惩罚。"

瞧着眼前这个又瘦又小的家伙,老虎怎么也不相信它的话。狐狸骨碌碌地转了转眼珠,说:"怎么,你不相信吗?那就跟我到森林里走一趟吧,看看那些野兽见了我怕不怕!"老虎琢磨了一会儿,同意了。

04 坏人和丑类 / 小人·狐假虎威

于是，小狐狸大模大样地走在前面，大老虎紧紧地跟在后面。一路所过之处，梅花鹿、灰狼、野猪、棕熊、兔子等所有能见到的野兽，全都吓得呼啦啦地跑远了。

小狐狸得意扬扬地回头问老虎："怎么样，现在相信我是天帝派来的百兽之王了吧？你还敢吃我吗？"大老虎连连点头："相信！相信！你确实是百兽之王，我不敢吃你了。"

哎，这个可怜的家伙！它根本不知道森林百兽怕的是自己，还以为人家真的害怕小狐狸呢。

故事讲完了，大臣江一话锋一转，回到了正题："大王，如今您拥有五千里地盘和上百万军队，全部交给了昭将军统领。北方的诸侯国怕的不是他，而是您交给他的军队啊，就像森林百兽害怕的不是狐狸而是老虎一样。"

"噢，原来如此。"楚宣王这才恍然大悟。

成语个性

这个成语是一则寓言故事，既讽刺了那些仗着别人的威势四处行骗的人，又讽刺了另一些被蒙骗、被利用的昏庸之人。

例句

- 这小厮哪里害甚么病！想是翟家这奴才走下乡狐假虎威，着实恐吓了他一场。（清·吴敬梓《儒林外史》）
- 仗着有日本人当靠山，这个大汉奸在村子里狐假虎威地发号施令。

蜂蠆有毒
fēng chài yǒu dú

春秋·左丘明《左传·僖公二十二年》：「君其无谓邾小，蜂虿有毒，而况国乎？」

释 虿：蝎子一类的毒虫。蜂和虿都是有毒刺的螫（shì）虫。比喻有些事物虽小却能害人，不可轻视。

近义 群蚁溃堤　　**反义** 元恶大憝（duì）

春秋时期，如今的山东省境内有好几个国家，鲁国和齐国是其中的大国，在鲁国的北边有个仅次于它的国家叫邾（zhū）国。

这一年，邾国消灭了另一个叫须句的小国。须句的国君逃到了鲁国，向鲁僖公告状。鲁僖公听了很生气，再加上自己母亲的老家就在须句，于是第二年就率军攻打邾国。鲁国的军事力量很强，很快夺回了须句，并帮其复国。战败了的邾国很不甘心，半年之后，又调集各路军马发起了一场复仇之战。

由于对方是个战败之国，鲁僖公根本没把它放在眼里，没有做什么准备便立刻应战。这时候，大夫臧文仲说："主公不要觉得邾国很小就如此轻敌，马蜂、蝎子尚且有毒，何况是个国家呢？您应该做好战斗准备再派军出战。"鲁僖公听了却不以为然，亲自率领大军迎战。

结果，这一仗鲁国打败了！鲁军被打得四散奔逃，连鲁僖公的头盔都在混战中被对方一箭射落。邾国人把这个头盔捡了回去，高高地挂在邾国的城门上。须句那个小国家更倒霉，再次被邾国消灭了。

遭受如此奇耻大辱，鲁国怎能咽下这口气？在接下来的十几年里，鲁军发动了两次较大的战役。而且，他们吸取了教训，再也不敢轻敌大意，两次战役都取得了胜利。从此以后，邾国的军事力量渐渐变弱，开始设法和鲁国维持友好的关系。

例句

- 雯青到此真有些耐不得了，待要发作，又怕蜂虿有毒，惹出祸来，只好纳着头，生生的咽了下来。(清·曾朴《孽海花》)
- 在职场上，既要警惕明处的劲敌，又要小心暗处的小人。毕竟，蜂虿有毒，不可不防啊。

乘人之危
chéng rén zhī wēi

南朝宋·范晔《后汉书·盖勋传》:"谋事杀良,非忠也;乘人之危,非仁也。"

释 乘:利用,凭借。危:危险,灾难。趁别人危难之时进行要挟或侵害。

近义 趁火打劫 落井下石　　**反义** 扶危济困 雪中送炭

东汉时期,有位正直的官员叫盖勋(xūn),他有个好朋友叫梁鹄(hú),也是一名官员。当时武威的太守贪婪凶暴,倚仗权势欺压百姓,做了很多坏事,老百姓非常

气愤,可是敢怒不敢言。

武威太守的顶头上司凉州刺史正是梁鹄。梁鹄有个手下叫苏正和。为了惩罚恶人,苏正和依法查办,抓了武威太守。

梁鹄吓坏了,为什么?因为他知道这个武威太守不简单,在朝廷里有很硬的后台。治罪武威太守等于得罪了大人物,自己会受到连累,怎么办呢?

梁鹄想来想去没有主意,打算去找盖勋商量一番。要知道,盖勋与苏正和可是一向有矛盾的呀。有个朋友知道了此事,便劝盖勋趁机除掉苏正和。谁料盖勋一听,气得两眼一瞪:"为了个人私仇杀害贤良,这是不忠!在人家危难之时起了谋害之心,这是不仁!我和苏正和虽然是冤家,但我绝不会乘人之危、落井下石。"那朋友一听,灰溜溜地走了。

过了几天,梁鹄果然来了,说起如何处置苏正和的事情。盖勋考虑了一番,说道:"喂养鹰鸢(yuān),训练鹰鸢,是为了让它们去捕捉猎物。如果你把它们训练好了,后来又杀掉它们,那又是为了什么呢?"

梁鹄恍然大悟,当即决定放过苏正和。后来,苏正和听别人说起这件事,才知道是盖勋救了自己一命。他亲自带着礼物前往盖府道谢,盖勋却避而不见,只让人代传了一句话:"我劝梁鹄不杀苏正和,这是公事,跟我与他的私人恩怨没有任何关系。"

例句

- 父亲向来正直不苟,何况这事颇有乘人之危的嫌疑,当然更加不肯容纳。(冯玉祥《我的生活》)
- 这幅画当年我可是花了大价钱买来的,你知道我现在急等着钱用,就把价钱压这么低,这不是乘人之危吗?

成语个性

"乘人之危"也可以写作"趁人之危","乘"是利用、凭借之意;"趁"是趁机之意,这两种写法都是正确的。

幸灾乐祸
xìng zāi lè huò

春秋·左丘明《左传·僖公十四年》:"背施无亲,幸灾不仁。"

释 幸:高兴。看到别人遇到灾祸时不施以同情和援助,反而感到高兴。指人缺乏善意。

近义 袖手旁观 隔岸观火

反义 同病相怜 惺惺相惜

春秋时期,晋国发生内乱,太子夷吾逃往秦国避难。在秦穆王的庇护下,他安然度过了一段动荡时期,于是立下誓言,说自己要是当上了国君,一定向秦国割地重谢。

后来,在秦国的帮助下,夷吾返回晋国登上了君位,史称晋惠公。可是,这个背信弃义的家伙再也不提割地重谢一事了。

过了几年,晋国国内出现了大饥荒,饿死了很多老百姓,便向秦国求援。秦国的大夫百里奚很是同情,说:"哪个国家都难免遇上天灾,我们应该帮助晋国度过这个灾年。"秦穆公听从了他的建议,向晋国输送了大批粮食。

没想到,第二年,秦国也遭遇了灾荒,而晋国的收成不错。秦穆公便派人向晋国求购粮食,可是晋惠公没有同意。晋国的大夫庆郑劝道:"辜负别人的恩惠会失去亲人,舍不得财物救济别人是不祥之兆,看到别人遇到灾难而高兴是不仁之为,让邻国心生怨恨是不义之举,仁义礼智这四种品德如果丧失的话,国家又怎么能生存下去呢?"

听到这里，另一位大夫虢（guó）射说话了："我们既然已经背弃了割让土地的承诺，给不给粮食还有什么关系呢？就像皮已经不存在，毛又依附在哪里？"

庆郑反驳道："丢弃信义，背弃邻国，一旦发生灾祸，还会有哪个国家伸出援助之手呢？没有了救援，国家就离灭亡不远了。"

虢射却说："反正已经无法消除秦国对我们的怨恨了，若是再卖给他们粮食，更会让敌人增强实力，还不如不给。"

庆郑仍坚持说："背弃施予恩惠者和遇灾而乐的行为，连老百姓都会看不起，亲近的人还会因此而结下仇恨，更何况是敌人呢？"

两人争论不下，晋惠公心里却早已有了主意，他没有采纳庆郑的建议。庆郑失望地叹了口气，说："国君迟早要后悔的！"事实确实如他所料——晋国的行为彻底激怒了秦国，第二年，秦穆公派出大军攻打晋国，一举活捉了晋惠公。

不知道那个背信弃义的家伙在败亡之时，有没有想起庆郑的话，有没有心生悔意？

成语个性

《左传·僖公十四年》中有："背施无亲，幸灾不仁。"《左传·庄公二十年》中有："今王子颓歌舞不倦，乐祸也。"后者说的是周庄王的小儿子颓在他哥哥周僖王死后，把侄子周惠王赶出都城，自己寻欢作乐，享受天子的礼乐。郑国的国君说，王子颓的做法不合乎礼，一定会给自己招来灾祸。后人根据这两个故事，总结出了"幸灾乐祸"这个成语。

例句

🍀 这中间并无恶意，当然也未必带有幸灾乐祸的成分。（茅盾《闻笑有感》）

🍀 朋友遇到了困难，应该伸出援助之手，而不是躲在一边幸灾乐祸。

包藏祸心
bāo cáng huò xīn

春秋·左丘明《左传·昭公元年》:"小国无罪,恃实其罪。将恃大国之安靖己,而无乃包藏祸心以图之。"

释 包藏:隐藏,包含。祸心:害人之心。心里怀着害人的恶意,多用来形容表面和善而心里藏着坏主意的人。

近义 心怀叵测　　**反义** 襟怀磊落

　　春秋时期,楚国是南方的大国,它北边的邻居是郑国。郑国很弱小,怎样才能不受大国的欺负呢?郑国的大臣公孙段想了个主意,决定把女儿嫁给楚国的公子围。

这样一来，其他国家知道郑楚联姻，就不敢再对郑国轻举妄动了。

可是，楚国并不这么想，他们想借着迎亲之际，趁机出兵吞并郑国。这一年春天，公子围带着大队军马来到了郑国。郑国的大臣子产非常警惕，一看对方率军而来，便派出了能言善辩的子羽去接待他们。面对大批楚军，子羽一点儿也不害怕，他不卑不亢地说道："我们郑国的都城很小，你们来迎亲的人太多，根本容纳不下，请在城外举行迎亲仪式吧。"

公子围听了很不高兴，派出伯州犁回话："两国联姻，婚礼怎么能在城外进行？你们不让我们进城，岂不是对楚国的羞辱吗？岂不是要叫天下人笑话我国的地位低于你国吗？不仅如此，这样还会让我们犯下欺骗祖先的罪行，因为我们在临来之前，恭恭敬敬地到祖庙里去拜祭过祖先。"

子羽板起了面孔，严肃地说："我们郑国虽然是个小国，但国小并不是错误，如果依赖大国而不加防备，那才是犯了大错。本来，我们希望郑、楚联姻，在遇到危难时能够得到楚国的保护，可是楚国却包藏祸心来打郑国的主意，这是我们绝不能容忍的！"

听到这里，公子围知道郑国早就做好了防备，吞并郑国的计划只能搁浅了。不过，为了面子问题，他仍然坚持要求入城，但答应楚军一律不带武器，子产和子羽这才同意了。

例句

- 犹复包藏祸心，窥窃神器。（唐·骆宾王《代李敬业传檄天下文》）
- 黄鼠狼给鸡拜年，谁都知道肯定是包藏祸心！

路人皆知

晋·陈寿《三国志·魏书·三少帝纪》:"司马昭之心,路人皆知。"

释 路人:路上的人,指所有的人。常用来比喻某些人的阴谋或野心为人所共知。也指某些事情是公开的,人人都知道。

近义 家喻户晓 众所周知 尽人皆知 **反义** 一无所知 不知就里 秘而不宣

三国时期,魏国有个大将叫司马懿(yì),他把魏国的军政大权全部抢在手里。

司马懿死后,他的大儿子司马师更厉害,他废除了已经成年的皇帝曹芳,将未成年的曹髦(máo)扶上了皇位。不过,这个家伙的运气不算太好,不到五十岁就生病去世了。临死之前,他把一切权力都交给了弟弟司马昭。

和哥哥比起来,司马昭一点儿也不逊色。他的野心更大,不但夺走了所有的大权,而且还想取代曹髦,自己当皇帝。

曹髦虽然年轻,但他心里很清楚自己的处境。有一天,他秘密召来了大臣王沈、王经和王业,对他们说:"司马昭心里打的是什么主意,连走在路上的人们都知道。我早晚要被他废掉,不如先下手除掉他!"三位大臣都劝曹髦暂时忍耐,王经还说:"如今大权在司马昭手里,满朝官员都是他的人。陛下,咱们没有兵力、没有实权,要是莽撞行事,后果不堪设想啊!"

可是,曹髦决心已定。他率领几百名侍卫一路前去,准备与司马昭决一死战。王经等人料定曹髦必败无疑,牵连到自己身上那可是杀头之罪呀,他们立刻跑去给司马昭通风报信。

接到密报,司马昭当即命令亲信贾充率领上千精兵杀向皇宫。两支兵力悬殊的队伍在半途相遇了!侍卫队伍被杀得四散而逃,曹髦见势不妙,扬起宝剑高声叫道:"我是天子,你们想造反吗?"

司马昭的精兵一听愣住了。此时,贾充也大喊了一声:"司马大人养你们干什么的?就是为了除掉曹髦啊。谁杀了他,赏一万两黄金!"这一下,无数精兵一拥而上,

04 坏人和丑类 / 阴险·路人皆知

你一刀我一枪，转眼间就将皇帝给杀死了。

除掉曹髦后，司马昭又另外立了一个好控制的傀儡皇帝。司马昭死后，他的儿子司马炎干脆自己当了皇帝，建立了晋朝。

成语个性

"路人皆知"和"众所周知""尽人皆知"，都是指人人都知道的事，但"路人皆知"的事通常都是指坏事，常连用成"司马昭之心，路人皆知"。

例句

- 秦桧之恶，路人皆知。（清·夏敬渠《野叟曝言》）
- 别再百般遮掩了，你想达到什么目的，可谓是司马昭之心，路人皆知。

借刀杀人 jiè dāo shā rén

明·汪廷讷（nè）《三祝记·造陷》："恩相明日奏仲淹为环庆路经略招讨使，以平元昊，这所谓借刀杀人。"

释 借别人的刀去杀人。比喻自己不出面，利用别人去害人。

近义 假手于人　**反义** 借花献佛

北宋年间，宋仁宗在位时期，朝廷里有两位著名的大臣，一位叫范仲淹，另一位叫吕夷简。吕夷简是当朝宰相，权力很大，身边有许多勾结在一起的大臣。当时，范仲淹主张实行改革，遭到了很多人的反对，其中就包括吕夷简。

吕夷简打算除掉这个政敌，便找来亲近的大臣夏竦（sǒng）和韩渎（dú），三人聚在一起商量。韩渎说："要想除掉范仲淹并不难，可就怕其他大臣们不服。"夏竦说："下官已经想好了一条计策。眼下，西夏的李元昊不是正在侵犯我国边境吗？敌军势头很猛，朝廷正发愁派谁前去讨伐呢。明天早朝的时候，就请宰相大人推荐范仲淹吧！"吕夷简一想：对呀！那李元昊勇猛过人，让范仲淹带兵去讨伐，十有八九会死在对方的刀下。根本用不着自己动手，就可以借李元昊之手除掉这个总爱跟自己作对的死对头。这可真是个好计策。

第二天，吕夷简在朝堂上举荐范仲淹去西部边境平乱，宋仁宗高兴地同意了。于是，范仲淹成为征讨军统帅，率领大军浩浩荡荡地向西开拔。谁也没想到，在接下来的几年里，这位统帅指挥大军打得西夏军节节败退，再也不敢来犯。

征讨大军班师回朝的时候，宋仁宗设下酒宴，隆重地款待各位将士，还给范仲淹连连升官，最后封为参知政事，相当于副宰相一职。那吕夷简的借刀杀人之计落了空，心里别提有多气恼了，可他还是得装作没事人一般，去向新任的副宰相道贺一番。

例句

🍂 凤姐虽恨秋桐，且喜借他先可发脱二姐，用借剑杀人之法。（清·曹雪芹《红楼梦》）

🍂 他挑起你我之间的矛盾，再借助你的力量来对付我，这是要借刀杀人啊！

04 坏人和丑类／阴险·借刀杀人

成语个性

借刀杀人也是"三十六计"中的一条重要计谋，使用率很高。本故事中的范仲淹不仅是一位杰出的政治家，也是一位优秀的文学家。他的代表作《岳阳楼记》广为流传，文中的"先天下之忧而忧，后天下之乐而乐"更是千古名句。

恶贯满盈 è guàn mǎn yíng

《尚书·泰誓上》：『商罪贯盈，天命诛之。』汉·孔安国传：『纣之为恶，一以贯之。恶贯已满，天毕其命。』

释　贯：穿铜钱的绳子。盈：满。罪恶多得犹如穿钱穿满了一根绳子。常用来形容作恶极多，罪孽深重，到了该受惩罚的时候。

近义　罪恶滔天　罪大恶极　十恶不赦

反义　功德无量　口碑载道　居功至伟

　　上古时期，商朝的开国君主是商汤，末代君主是商纣王。

　　商汤是个贤明的君主，而商纣王却以力气大、性格残暴而闻名。他的力气大到什么程度？据说能打得过一百个敌人，而且敢赤手空拳地对付猛兽。他的残暴又表现在哪里？从一种可怕的酷刑上便可见一斑。

发布了一篇誓师宣言。宣言后来记载在《尚书·泰誓》里，其中有一句："商罪贯盈，天命诛之。"意思是说，商纣王作恶多端，罪行累累，一件件坏事越积越多，好像把钱币一个个穿在绳索上，已经穿满一贯了。如今，上天要惩罚他，他的末日即将到来。

事实的确如此。在那场战争中，商朝军队一败涂地，商纣王眼看大势已去，干脆点起一把火烧死了自己，结束了他恶贯满盈的一生。

这种酷刑叫炮烙（páo luò）。行刑的时候，先横着架起一根大铜柱，铜柱上涂满了油，下方燃起熊熊的炭火，然后逼犯人光着脚从铜柱上走过去。铜柱又烫又滑，谁能受得了这种烧痛？没有一个犯人能走过铜柱，全都掉进炭火里活活烧死了。

除了残暴，商纣王还非常贪婪，他四处搜刮民脂民膏，把粮仓和钱库堆得满满当当，却宁可看着老百姓饿死街头。他征用无数劳工修建楼台宫殿，每年都有很多人活活累死。商纣王干尽了坏事，惹得天怒人怨，老百姓一提起这家伙就恨得咬牙切齿。

周武王是一位大英雄，他调集各方军队组成一支庞大的联军，开始讨伐商纣王。联军打了很多胜仗，准备进军商朝的国都发起最后的进攻时，周武王

例句

🍂 你今日恶贯满盈，有何理说！（元·无名氏《碌砂担》）

🍂 这个家伙恶贯满盈，终究会受到法律的制裁。

成语个性

古时候，为了方便携带和使用，常把圆形方孔钱用绳子穿起来，一千枚为一贯。商朝的钱币主要是贝币，由海里的贝壳经过简单加工而成。

87

擢发难数
zhuó fà nán shǔ

汉·司马迁《史记·范雎蔡泽列传》:"擢贾之发,以续贾之罪,尚未足。"

释 擢:拔。拔下他全部的头发,也难以数清他的罪行。常用来形容罪行之多,无法计数。

近义 罄竹难书　　**反义** 屈指可数

战国时期，魏国有个大夫叫须贾，须贾有个门客叫范雎（jū）。

有一次，范雎随须贾出使齐国。齐国的国君齐襄王很欣赏范雎的才华，临走时派人送了十斤黄金和一些牛肉、美酒给他，范雎不敢接受。须贾知道后很是生气，以为范雎把魏国的机密告诉了齐国，所以得到这么贵重的礼物。他让范雎收了牛肉、美酒，把黄金退了回去。

回到魏国，须贾把这件事告诉了相国魏齐，还污蔑范雎暗通齐国。这一下，魏齐发火了，命人将范雎狠狠地毒打了一顿，再扔进厕所里，喝醉了的宾客就直接把尿撒在他身上。看到范雎被折磨得死去活来，须贾在一旁笑得前仰后合。后来，范雎苦苦哀求看守，终于找了个机会逃了出来。

逃到秦国以后，范雎化名张禄，并凭着满腹才学，当上了秦国的相国。有一年，须贾出使秦国，范雎穿了一身破烂衣服前去拜访。须贾一见，惊得眼珠子都瞪圆了！不过，当他看到昔日的门客如此落魄，不禁动了恻隐之心，就送给范雎一件新袍子，同时提出一个要求，让他带自己去拜见相国张禄。

第二天，一辆漂亮的四驾马车把须贾接到了相国府。须贾入府一看，呀！眼前的相国大人不正是那个范雎吗？他吓得赶紧跪地，一个劲儿地磕头。此时的范雎全无昨天的落魄模样，瞪着眼问他："知道你犯了几条罪吗？"须贾战战兢兢地回答："我的罪太多了，就算拔光了头发一根根地数，都数不过来。"

范雎一拍桌子，说道："你的罪有三条！第一，诬陷我暗通齐国；第二，我被扔进厕所时，你反而在一旁幸灾乐祸；第三，宾客往我身上撒尿时，你却听之任之。就凭这三条罪，处你死刑都不算过分！但看在你还有一点儿故人之情，送了我一件新袍子，暂且留你一命吧。现在，给我滚出相国府！"

须贾赶紧用衣袖遮住脸，狼狈不堪地逃了出去。

例句

🍂 秦桧之罪，擢发难数。（清·夏敬渠《野叟曝言》）

🍂 这伙强盗犯下的罪行擢发难数，应该处以重刑，方能大快人心。

成语个性

"擢发难数"和"罄竹难书"意义相近，都是形容罪行多，一个是多得数不清，一个是多得写不尽，两个比喻都非常形象生动。

罄竹难书

战国·吕不韦《吕氏春秋·明理》："此皆乱国之所生也，不能胜数，尽荆越之竹，犹不能书。"

释 罄：尽。竹：指可供制成竹简的竹子。书：写。用尽了竹子也写不完某人的罪行，多用来形容罪恶太多，无法写完。也泛指事实极多，难以写尽。

近义 擢发难数　**反义** 屈指可数

隋朝的最后一个皇帝是隋炀帝，隋炀帝名叫杨广，他的统治很残暴，逼得老百姓无法生活下去。于是很多穷苦的农民集合起来，组成一支支起义队伍，开始公开反抗隋炀帝。

在众多的起义军队伍中，有一支力量强大的义军，由于根据地位于瓦岗寨，所以被称为瓦岗军。瓦岗军先是由翟让领导，后来指挥大权交给了李密。

李密是个大英雄，看得清天下局势。他知道隋朝的末日即将来临，瓦岗军和其他各路起义军正在逼近隋朝的东都洛阳。为了联合这些分散的军力，李密在进攻洛阳之前，发布了一篇文章。文章里列出了隋炀帝的十大罪状，其中有一句："把南山所有的竹子制成竹简，也写不完杨广的罪行；用完东海的滔滔大水，也洗不清他的罪恶。"

这篇文章刚一公布，便在全国引起了巨大的轰动，各地起义军领袖纷纷表示愿意拥护李密，希望他能够登上皇位，带领大家一起反抗隋朝。

当时，任太原留守的李渊也已经起兵反隋，想要拉拢李密，可当时李密的实力更强大，反而希望李渊能够归顺自己。李渊听说后，给对方写了一封信，信中说："当今能成为天子的人，除了你还有谁？我马上就要五十岁了，已经没有想成为天子的野心了。"

看完了信，李密很高兴，从此对李渊深信不疑。可是他没料到，若干年后，就是这个李渊取代自己成就了一番霸业，建立了唐朝。

04 坏人和丑类 / 罪行·罄竹难书

成语个性

本故事出自《旧唐书·李密传》，原文中有一句："罄南山之竹，书罪无穷；决东海之波，流恶难尽。"

例句

- 维琏抗疏曰："(魏)忠贤大奸大恶，罄竹难书。"（清·张廷玉《明史·邹维琏传》）
- 日本侵略者在中国犯下的种种恶行，真是罄竹难书！

专横跋扈
zhuān hèng bá hù

南朝宋·范晔《后汉书·梁冀传》：「帝少而聪慧，知冀骄横，尝朝群臣，目冀曰：『此跋扈将军也。』」

释 专横：专断蛮横。跋扈：霸道，不讲理。独断专行，蛮横霸道。

近义 飞扬跋扈 独断专行

反义 通情达理 彬彬有礼

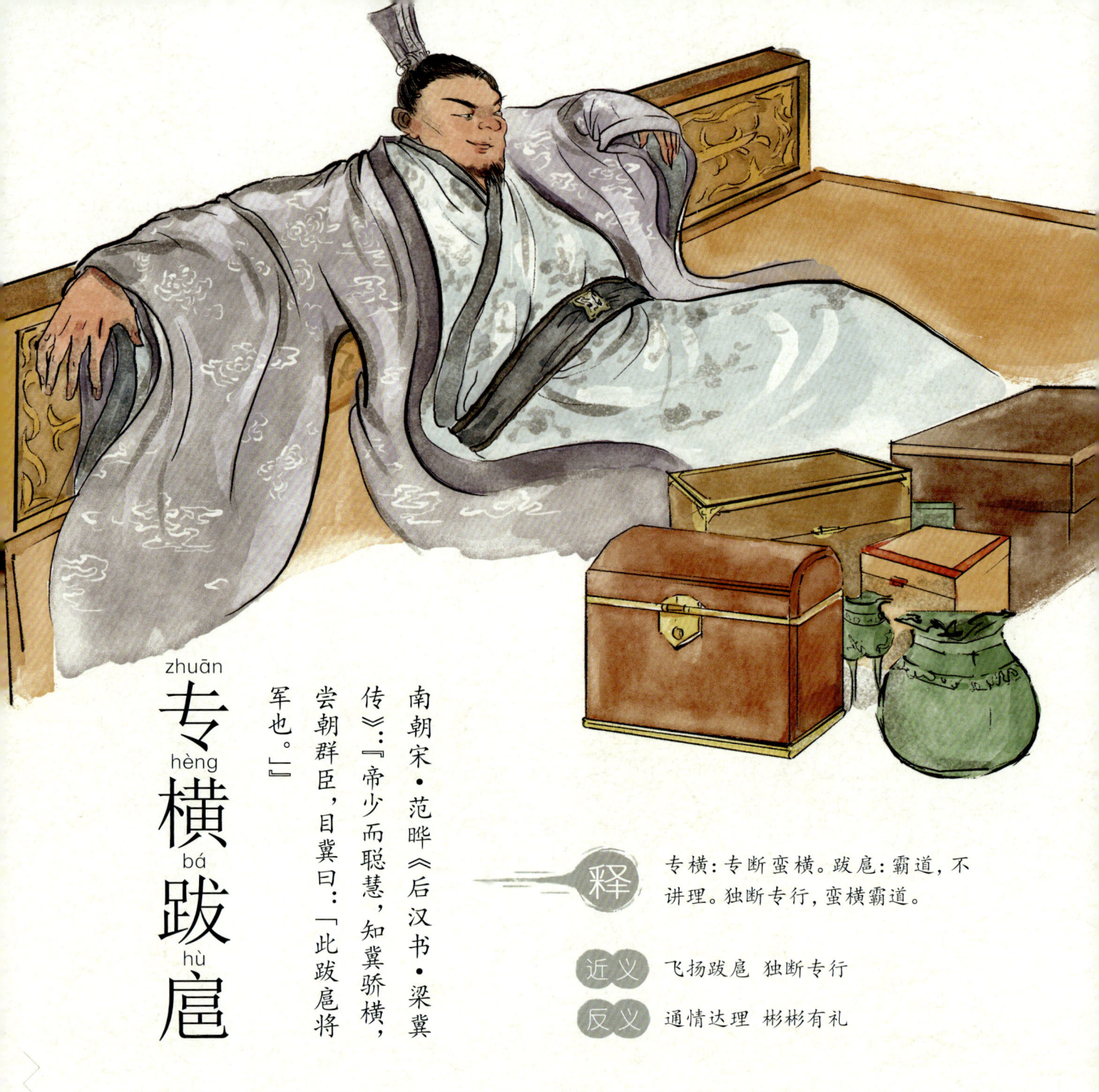

汉顺帝时，有个人名叫梁冀，他的父亲梁商是大将军，他的妹妹是深得皇帝宠爱的梁皇后。因为有着如此深厚的背景，梁冀胡作非为，干尽了坏事。人们一提起他的名字，就恨得咬牙切齿。

梁冀的父亲梁商为人正直。有一天，好友吕放对这位大将军讲了一些梁冀的不法行为。梁冀知道后怀恨在心，偷偷派人杀了吕放，后来又嫁祸于人，害死了很多无辜的人。

父亲死后，梁冀没有了管束，又继承了大将军的官职，从此更加专横跋扈。这家伙不光残害百姓，还到处搜刮钱财。有一回，他看上了大财主士孙奋的万贯家财，便用一匹马作抵押，向对方借五千万。士孙奋知道这钱一"借"出去，肯定是有去无回，但又不敢不给，因此只拿出了三千万。梁冀气得眼睛都瞪圆了，立刻想出一计阴招，派人诬陷士孙奋的母亲偷了梁府的金银珠宝。结果呢，大财主一夜之间被打入大牢，万贯家财也全部被没收。

汉顺帝死后，他的幼子继位，不久也死了。梁冀扶立八岁的汉质帝即位后，更是权势熏天、气焰嚣张，根本不把小皇帝放在眼里，朝中的大臣们就更不用说了。小皇帝虽然年少，却能分得清好人和坏人，有一次上朝时，他当着众位大臣的面，指着梁冀说："你可真是个跋扈将军！"梁冀听了恼羞成怒。散朝后，他派人给汉质帝送去下了毒的煮饼，小皇帝吃下后当天就死了。

汉质帝死了，谁来当皇帝呢？梁冀又扶立了汉桓帝。汉桓帝很有心计，为了避免自己再遭毒手，他一边悄悄培植自己的势力，一边派人秘密搜集梁冀的罪证。等到时机成熟的时候，汉桓帝果断罢免了梁冀的大将军一职。梁冀觉察到不妙，知道自己罪孽深重，马上就要大祸临头，吓得服毒自杀了。

例句

- (侯)景专制河南十四年矣，常有飞扬跋扈志。(唐·李延寿《北史·齐高祖纪》)
- 父母的过度宠爱很容易让孩子变得专横跋扈，时日一长，就没有人愿意和他做朋友了。

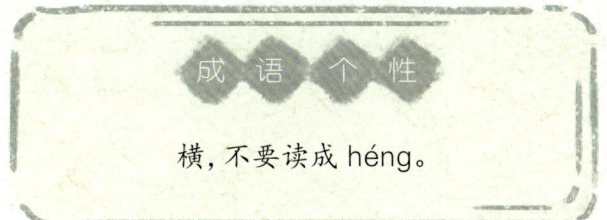

成语个性

横，不要读成 héng。

坏人和丑类 胡作非为·专横跋扈

为所欲为
wéi suǒ yù wéi

宋·司马光《资治通鉴·周威烈王二十三年》:"以子之才,臣事赵孟,必得近幸。子乃为所欲为,顾不易邪?"

释 为:做。欲:想。做自己想要做的事。多指想干什么就干什么,无所顾忌。

近义 随心所欲 胡作非为　**反义** 循规蹈矩 安分守己

春秋时期,晋国有六大家族,分别是智、赵、韩、魏、范、中行。有一年,智伯联合另外三家消灭了范氏、中行氏两大家族,还瓜分了这两家的财产和土地。三年后,智伯又向韩、赵、魏三家索要土地,赵襄子很生气,和韩、魏两家联合起来,消灭了智氏。

智伯有个门客叫豫(yù)让,他发誓要杀掉赵襄子,替主人报仇。豫让换了名字,身上藏着刀子,混进赵襄子家里干抹泥修墙的杂活。结果,赵襄子在上厕所的时候,对正在修整厕所的人心生怀疑,马上命人抓住他审问,果然从他身上搜出了凶器。

一看计划败露,豫让干脆说了实话:"你杀了我的主人,我要为智伯报仇!"随从们一听,纷纷要求立刻杀了此人。赵襄子却说:"这是个义士,我尽量避开他就是了。"说完,命令随从们放走了豫让。

刺杀计划失败了,但豫让并没有打算就此放弃。他把黑乎乎的油漆抹在身上和脸上,看上去像得了严重的皮肤病,然后在城里四处流浪,天天要饭。有一天,豫让

碰巧遇到妻子,可是妻子根本没认出这个流浪汉就是自己的丈夫。

后来,他的一位好朋友还是通过他的声音认出了他。朋友流着眼泪劝他说:"豫让啊豫让,以你的才干去给赵襄子当个门客,一定会得到重用。有了机会接近他,你就可以做你想要做的事了,还怕杀不了他吗?你现在把自己折腾成这样,又是何苦呢?"豫让说:"既然投靠了人家,就得对人家忠心。为别人效力,心里却想着杀他,这是怀有二心哪。这种奸诈之事我是不会做的!"于是,豫让又吞下火炭,烧坏了嗓子,让嗓音变得嘶哑难听,这下谁也认不出他来了。

这一天,赵襄子坐着马车带着随从出门。豫让远远看见,便躲在桥下装成死人。随从发现了上报,赵襄子暗自琢磨:"这是一座刚建好的桥,怎么会有死人呢?会不会是豫让?"他命人将"死人"抬来,仔细一看,果然是豫让!

赵襄子问:"我放过你一次,你怎么又要杀我?这一次不会再放过你了。"豫让说:"智伯把我当成知己,给我很高的待遇,我也把他当成了真正的主人!我知道你不会再放过我,我只希望在死之前,你能脱下袍子让我刺几下,就当为主人报了仇。"

赵襄子听了非常感动,便脱下袍子让人递过去。豫让挥起宝剑连劈带刺,然后大喊一声:"我可以去见主人了!"接着反手一剑,当场自杀身亡。

04 坏人和丑类 / 胡作非为 · 为所欲为

例句

- 皇帝高高在上,便可以为所欲为。(孙中山《民权主义第六讲》)
- 学生在课堂上就要遵守纪律,怎么能为所欲为呢?

成语个性

在这个故事中,"为所欲为"指的是做自己想做的事,想怎么干就怎么干,不含贬义。但因为这个成语含有不受任何限制与约束的意思,后来使用时多作贬义词。这个故事还产生了另一个成语,即"漆身吞炭",比喻舍身酬报知己或雪耻复仇。

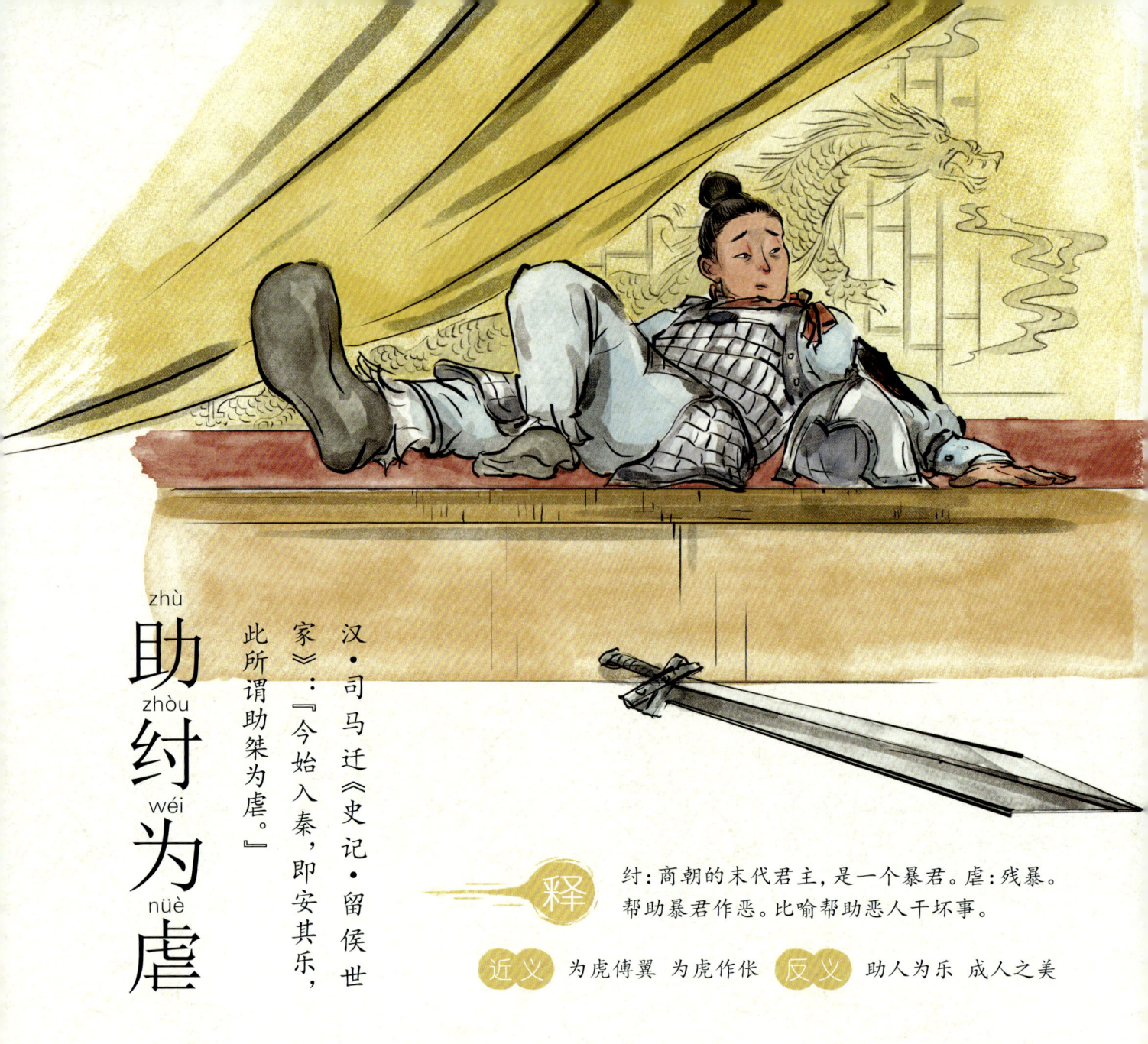

助(zhù)纣(zhòu)为(wéi)虐(nüè)

汉·司马迁《史记·留侯世家》:"今始入秦,即安其乐,此所谓助桀为虐。"

释 纣:商朝的末代君主,是一个暴君。虐:残暴。帮助暴君作恶。比喻帮助恶人干坏事。

近义 为虎傅翼 为虎作伥 **反义** 助人为乐 成人之美

秦朝末年,出现了两支强大的起义队伍,一支是项羽率领的楚军,另一支是刘邦率领的汉军。刚开始,楚军比汉军的人数更多、战斗力更强,当汉军的规模渐渐扩大以后,项羽和刘邦有了一个约定:"谁先攻进咸阳,谁就称王!"

这一年,汉军抢先攻进了秦朝的都城咸阳。秦王子婴一看,知道秦朝完蛋了,赶紧跪在路边请求投降。刘邦倒没有起杀心,只是命人先把他关进牢里。

进入咸阳宫后,刘邦看到漂亮的龙床、华丽的宝座,还有无数金银财宝,高兴极了,便想留在宫中尽情享受一番。他一下子扑上了大龙床,正打算舒舒服服地睡一觉,大将樊哙(kuài)闯了进来。

04 坏人和丑类 / 胡作非为·助纣为虐

樊哙说："您这是要打天下，还是要睡大觉？赶快撤出咸阳吧！项羽现在比我们厉害，要是让他知道了，保准会带领大军杀过来。到那时，整个汉军可就完啦！"

谋士张良也跟着上前一步劝道："樊将军说得对！请您想一想，现在我们刚刚推翻秦朝，天下还没有平定，如果像秦王那样贪图眼前的享受，这不就是帮着夏桀那样的暴君来残害老百姓吗？您还应该知道，忠言听起来很不顺耳，却能端正人们的行为；良药喝起来虽然很苦，却能治疗人们的疾病。如果想为天下百姓铲除那些残余的恶贼，就应该听从樊将军的话，暂时忍一忍，才有机会和项羽争夺天下啊。"

刘邦终于醒悟过来，从大龙床上一骨碌翻身爬起来，率领军队撤出了咸阳城，在城外等候项羽的到来。

成语个性

在故事原文中，这个成语是"助桀为虐"。桀是夏朝最后一个君主，纣是商朝最后一个君主，二人都是古时有名的暴君，所以"助桀为虐"和"助纣为虐"说的都是同一个意思，不过现在"助纣为虐"更常用一些。

例句

🌰 后又附助着薛蟠，图些银钱酒肉，一任薛蟠横行霸道，他不但不去管约，反助纣为虐讨好儿。（清·曹雪芹《红楼梦》）

🌰 明知道他要去行凶作恶，你反而大行方便，这不是助纣为虐吗？

如狼牧羊

rú láng mù yáng

汉·司马迁《史记·酷吏列传》:"宁成为济南都尉,其治如狼牧羊。"

释 像让狼去放牧羊一样。比喻酷吏残酷欺压剥削百姓。

近义 鱼肉百姓　**反义** 发政施仁

中国历史上出现过不少有名的酷吏。什么叫酷吏呢?就是用严酷刑罚对待人民的官员。他们用严格的法令制度来管理人民,若是有谁犯了一点儿小错,就会被狠狠地毒打一顿;要是犯了大错,很可能会被判处极刑,比如剥皮、腰斩、凌迟、五马分尸等等。

这些酷吏有的刚正,有的清廉,有的贪婪,有的刻薄,但都非常残暴。西汉时有个叫宁成的酷吏,就是其中一个很有代表性的人物。

宁成在山东济南当过都尉,手中握有不小的权力。他严格执行法规条令,惩罚过不少人,也收取过不少贿赂,令当地的富豪和百姓都很害怕。有一次,宁成因为得罪了权贵,被抓进大牢关了很长时间。后来,他想了好多办法,终于从牢里逃了出来。之后他借钱在乡间购买了一大片田地,雇用了几千户农民来耕种。靠着丰厚的地租,宁成又有了很多钱,很快成为当地有名的富豪。

汉武帝听说这个人本事不小,打算启用他当个郡守,但是遭到了大臣公孙弘的反对。公孙弘说:"我在山东当过小官,那时候宁成是都尉,他管理老百姓就像一只凶狠的狼在放牧一群羊。这样的人要是重新当官,会让老百姓有怨言的。"

汉武帝认为公孙弘说得有道理,就把这事暂时放下了。不过,过了一段时间,他还是启用了宁成,派他去当关都尉,也就是守卫关隘、稽查行人的官员。当地那些经常要出关入关的百姓听说了这件事,又是气愤又是害怕,有的人甚至说:"我宁愿面对一只老虎,也不愿意面对宁成。"

04 坏人和丑类 / 胡作非为·如狼牧羊

例句

- 一些缺乏爱心、性格暴躁残忍的人混进幼儿教育行业照管孩子，简直就是如狼牧羊。
- 国君管理臣民要施行仁政，切不可如狼牧羊，那样会失去民心。

豺狼当道
chái láng dāng dào

汉·荀悦《汉纪·平帝纪》:"宝问其次,文曰:'豺狼当道,安问狐狸!'宝默然不应。"

释 豺狼:两种凶猛的野兽。当道:横在道路中间。豺和狼挡在道路中间。常用来比喻坏人当权得势。

近义 一手遮天 暗无天日

反义 舜日尧天 弊绝风清

东汉时期,汉顺帝将梁氏立为皇后,梁家的势力一天天壮大起来。

梁皇后的哥哥梁冀成了国舅,这个坏蛋相貌凶狠,是个玩弄权术的好手,他四处打压众臣,欺负百姓,做尽了坏事。有一次,洛阳令吕放责备了他几句,没过几天就被这家伙派人暗杀了。这还不算完,梁冀又因为这件事诛杀了一百多人。

后来,这个恶棍当上了一人之下万人之上的大将军。他与朝廷中的宦官、地方上的贪官污吏勾结在一起,做下许多伤天害理的恶行。

因为地方腐败,汉顺帝颁下一道圣旨,命令张纲等八位大臣分赴各地考察地方官吏。张纲为官清廉、为人正直,一向痛恨官场中的腐败行为,对一手遮天的梁冀更是不满。他认为,要整顿好地方官吏,应当先从朝廷入手,只要处理了像梁冀这样的大坏蛋,那些地方小官就好办了。于是,在接到圣旨后,张纲拖了好几天都没有动身,后来实在拖不下去了,才带着随行人员上路。

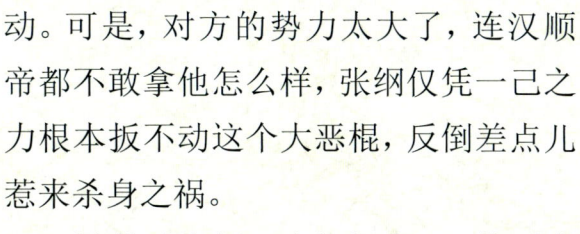

动。可是，对方的势力太大了，连汉顺帝都不敢拿他怎么样，张纲仅凭一己之力根本扳不动这个大恶棍，反倒差点儿惹来杀身之祸。

梁冀对张纲一直怀恨在心，找了个机会派他到发生叛乱的广陵郡当太守，想借叛乱者之手杀了他。没想到，张纲很快就劝降了叛乱头领，遣散了叛众。

朝廷想召他回朝廷任职，当地的老百姓苦苦挽留。一年后，张纲病死在广陵任上，百姓们扶老携幼前去悼念。人们都说："千年万载，什么时候才能再碰上这么好的官。"

例句

🍂 男子汉非不以功名为念，那堪豺狼当道，不如只在家中侍奉尊堂兄弟。（元·宫大用《范张鸡黍》）

🍂 在豺狼当道的黑暗年代，人民的生活过得苦不堪言。

一行人马刚出洛阳城，张纲便下令停车，并让随从立刻拆毁马车，把车轮卸下来埋在地下。随从觉得很奇怪，问为什么不走了，张纲气愤地说："豺狼当道，安问狐狸！"这句话的意思是：不除掉像梁冀这样挡在路上的豺狼，去查办那些狐狸一样的地方小官有什么用呢？

他接着下令返回洛阳城，上书揭发梁冀一伙的罪行，整个京城都为之震

成语个性

豺是一种长得有些像狼的野生动物，比狼小一些。豺和狼这两种动物都喜欢群居，合起伙来捕食猎物，捕食方式也格外残暴、凶狠、贪婪，这些特性都是人们所不喜欢甚至痛恨的。所以在汉语中，豺和狼经常连用，用来比喻贪婪残忍的坏人。

州官放火
zhōu guān fàng huǒ

宋·陆游《老学庵笔记》：「田登作郡，自讳其名，触者必怒，吏卒多被榜笞（chī）。于是举州皆谓灯为「火」。上元放灯，许人入州治游观。吏人遂书榜揭于市曰："本州依例放火三日。"」

释 州官：一州的长官，即太守或郡守。允许当官的放火胡作非为，不允许老百姓点灯照明。比喻反动统治者可以任意做坏事，老百姓的正当言行却受到种种限制。也泛指自己可以任意而为，却严格要求别人。

反义 王子犯法，庶民同罪

04 坏人和丑类 / 胡作非为 / 州官放火

宋朝时有个太守叫田登，他在当地横行霸道，到处欺压老百姓。由于自己的名字里有个"登"字，他就不准老百姓说"登"字，和"登"同音的字也不许说。非说不可的时候，要用别的字来代替，比如灯心草叫开心草，灯笼叫亮托、路照，点灯叫点火，放花灯叫放火，等等。谁要是不小心说出了"登"字，保准会被治罪，轻则挨一顿大板子，重则关进牢房。

这一年，元宵节就要到了。按照传统习俗，州里会连着放三天花灯。那些有钱有势的大户人家都要点亮各式各样的漂亮花灯，供人们通宵观赏。于是，田登命令手下在街上张贴告示，通知人们前来观灯。

可是，写告示的小官为难了。为什么呢？用"灯"字要触犯太守的忌讳，不用"灯"字又表达不清意思，怎么办呢？小官想了好久，灵机一动，干脆把"灯"字改成了"火"字。这样一来，贴出的告示上就写成了"本州依照惯例，放火三日"。

这话本州的老百姓能看明白，可那些外地客人却是丈二和尚摸不着头脑了，还真以为官府要在城里连着放三天大火呢。他们吓得赶紧收拾行李，一个个出城离开了。

"只许州官放火，不许百姓点灯"的典故就这样流传了下来。

🍫 例句

🍂 可是你"只许州官放火，不许百姓点灯"，我们偶然说一句略妨碍些的话，就说是不利之谈。（清·曹雪芹《红楼梦》）

🍂 "只许州官放火，不许百姓点灯"是不公平的！在任何时代，这种特权阶层的恶劣行为都不能服众。

成语个性

"州官放火"是经过凝炼后的成语，完整说法是"只许州官放火，不许百姓点灯"，以前用来嘲讽统治者践踏百姓权益的丑恶嘴脸，现在多用来比喻只准自己任意而为，却不准他人有正当权利。

03 品质和性格

附录 分类成语

品行高洁

玉骨冰肌	纤尘不染	清风高节	年高德劭	正人君子
玉壶冰鉴	一尘不染	清风峻节	才德兼备	仁人君子
冰壶秋月	出淤泥	岁寒松柏	德才兼备	淑人君子
冰魂雪魄	而不染	空谷幽兰	一清二白	志士仁人
冰清玉洁	特立独行	瑶林琼树	返璞归真	仁人志士
冰清玉润	磨而不磷，	琼枝玉树	返朴归真	
一片冰心	涅而不淄	蕙质兰心	洗尽铅华	
守身如玉	高风亮节	兰心蕙质	秋月寒江	
洁身自好	高山景行	春兰秋菊	浑然天成	
爱惜羽毛	高山仰止	云中白鹤	谦谦君子	

美玉无瑕、金相玉质、良金美玉、浑金璞玉、璞玉浑金、怀瑾握瑜、怀珠韫玉

超然淡泊

超尘出俗	仙风道骨	宠辱不惊（4）	与世无争	恬淡无为
超然物外	不食烟火	荣辱不惊	安贫乐道	
超轶绝尘	遗世独立	富贵浮云	清心寡欲	
超凡脱俗	遗世绝俗		恬淡寡欲	

超尘拔俗

忠诚

精忠报国（6）	披肝沥胆	肝脑涂地	忠臣义士	忠贞不渝
尽忠报国	剖肝沥胆	赤胆忠心	忠肝义胆	
	输肝剖胆	碧血丹心	忠心耿耿	

赤心报国

公正

明镜高悬	大公无私	公而忘私	不偏不倚	
秦镜高悬	铁面无私	砥节奉公	无偏无党	
一视同仁	秉公无私	克己奉公		

正义

大义灭亲（8）	重义轻利	大义凛然	义形于色	义薄云天
	正气凛然	义正词严	高义薄云	侠肝义胆

正直

董狐直笔（10）	刚毅木讷	守正不阿	疾恶如仇	爱憎分明
不饮盗泉	刚正不阿	智圆行方	嫉恶如仇	
	持正不阿	行不苟合	嫉恶好善	

秉笔直书

03 品质和性格

附录 分类成语

磊落
- 不愧屋漏
- 不欺暗室
- 问心无愧
- 俯仰无愧
- 仰不愧天
- 顶天立地
- 心贯白日
- 光风霁月
- 光明磊落
- 光明正大
- 正大光明
- 堂皇正大
- 堂堂正正
- 行不由径
- 行不更名，坐不改姓
- 襟怀坦白
- 嶔崎磊落
- 表里如一

廉洁
- 不贪为宝（12）
- 水米无交
- 两袖清风（14）
- 一介不取
- 一廉如水
- 一琴一鹤
- 饮马投钱
- 羊续悬鱼（16）
- 素丝羔羊

包容大度
- 海纳百川
- 厚德载物
- 日月入怀
- 无所不容
- 无可
- 无不可
- 豁达大度
- 宽大为怀
- 宽宏大量
- 以德报怨
- 以直报怨
- 通情达理
- 知情达理

狭隘
- 锱铢必较
- 睚眦必报
- 掂斤播两
- 斤斤计较
- 不依不饶
- 小肚鸡肠
- 鼠肚鸡肠
- 斗筲之人
- 斗筲之辈
- 小器易盈
- 器小易盈

谦虚
- 桃李不言，下自成蹊
- （18）
- 虚怀若谷
- 不矜不伐
- 谦虚谨慎

气节
- 不食周粟（20）
- 不为五斗米折腰（22）
- 铮铮铁骨
- 浩然之气
- 浩然正气
- 凛然正气
- 凛凛正气
- 不因人热（24）
- 宁死不屈
- 宁折不弯
- 士可杀，不可辱
- 宁为玉碎，不为瓦全
- 贫贱骄人

坚定
- 疾风劲草
- 疾风知劲草
- 松筠之节
- 松柏后凋
- 傲雪凌霜
- 凌霜傲雪
- 欺霜傲雪
- 心如铁石
- 铁石心肠
- 木人石心
- 百折不挠
- 百折不回
- 不屈不挠
- 贫贱不移
- 富贵不淫
- 威武不屈
- 坚强不屈
- 坚贞不屈
- 心坚石穿
- 坚忍不拔
- 坚韧不拔
- 本性难移
- 禀性难移

105

附录 分类成语 03 品质和性格

自律	束身自修	克己复礼	澡身浴德	知足不辱	
	坐怀不乱	严于律己	砥节砺行		
单纯	天真烂漫	童心未泯	没心没肺	胸无宿物	
	天真无邪	赤子之心	胸无城府		
善良	心慈面软	宅心仁厚	乐善好施		
	心慈手软	好生之德			
软弱	外强中干(26)	羊质虎皮(28)	好好先生(30)	唯唯诺诺(32)	多愁善感
	色厉内荏	胆小如鼠	外刚内柔	贪生怕死	
勇敢	胆大包天	熊心豹胆	敢作敢当	无所畏惧	死不足惜
	胆大如斗	有胆有识	敢作敢为	死不旋踵	余勇可贾(34)
	浑身是胆	心粗胆大	剑胆琴心	临危不惧	视死如归
豪放	狂奴故态	放纵不羁	倜傥不羁	卓荦不羁	落魄不羁
	放荡不羁	豪放不羁	倜傥不群	落拓不羁	
好强	逞强好胜		**暴躁**	撮盐入火	心浮气躁
	争强好胜			性烈如火	
刚强	绵里藏针	咬钉嚼铁			
	外柔内刚				
固执	不合时宜(36)	一意孤行(38)	至死不悟	以规为瑱	
			执迷不悟	我行我素	
	刚愎自用	固执己见	顽固不化	不可理喻	

106

03 品质和性格

附录 分类成语

多疑 杯弓蛇影（40） 杞人忧天（42） 庸人自扰（44） 疑神疑鬼

怪僻 阴阳怪气 刁钻古怪
不近人情

神秘 匪夷所思 深不可测
高深莫测 神秘莫测

04 坏人和丑类

附录 分类成语

坏人

亡命之徒（46）
不逞之徒

始作俑者（48）
元恶大憝
罪魁祸首
害群之马

混世魔王
魑魅魍魉
妖魔鬼怪
牛鬼蛇神
独夫民贼

乱臣贼子
封豕长蛇
过街老鼠
衣冠禽兽
衣冠枭獍

马牛襟裾
沐猴而冠
贪官污吏
土豪劣绅
虾兵蟹将

孝子贤孙
残渣余孽

丑类

丧家之犬（50）

跳梁小丑
幺么小丑

全无心肝（52）

酒色之徒
土龙刍狗

城狐社鼠

丑态

弹冠相庆
群魔乱舞

上蹿下跳
上窜下跳
穷形尽相
如丧考妣

涎皮赖脸
死皮赖脸
死乞白赖
无孔不入

丢人现眼
出乖露丑
丑态百出
丑态毕露

斯文扫地
五经扫地
不堪入目
不堪言状

盗贼

盗亦有道

鸡鸣狗盗（54）
鼠窃狗盗

江洋大盗
梁上君子（56）

落草为寇
钻穴逾墙
偷鸡摸狗

择肥而噬
坐地分赃
贼人胆虚

勾结

一丘之貉（58）

沆瀣一气（60）
串通一气
通同一气

上下其手（62）
同流合污
鲍鱼之肆

眉来眼去
狐群狗党
同恶相济
结党营私

植党营私
狼狈为奸
朋比为奸
猫鼠同眠

藏垢纳污
藏污纳垢
招降纳叛
拖人下水

依附

如蚁附膻
如蝇逐臭
蝇集蚁附

饥附饱飏
趋炎附势（64）

攀龙附凤
巴高望上
向火乞儿

仰人鼻息（66）

傍人门户（68）

逢迎

见风使舵
看风使舵

见风转舵
随风转舵
随风倒舵
投其所好

阿谀奉承
阿谀逢迎
依阿取容
阿世媚俗

哗众取宠
崇洋媚外
谄上傲下
曲意逢迎

吮痈舐痔
望尘而拜
摧眉折腰
胁肩谄笑

摇尾乞怜
犬马之劳
犬马之力
低眉顺眼

108

附录 分类成语 04 坏人和丑类

俯首帖耳　做小伏低　奴颜媚骨　卑躬屈膝　低三下四
伏低做小　奴颜婢膝　前倨后恭　点头哈腰　低声下气

狂妄
不自量力　妄自尊大　狂犬吠日　人莫予毒　不可一世
自不量力　狂妄自大　蚍蜉撼树　唯我独尊

欺压
欺善怕恶　弱肉强食　有恃无恐　欺人太甚
一手遮天　恃强凌弱　狗仗人势
欺软怕硬　虎入羊群　以强凌弱　仗势欺人

小人
狐假虎威（70）　蜂虿有毒（72）　乘人之危（74）　幸灾乐祸（76）
鸡鹜争食　小人得志　落井下石

无耻
卑鄙无耻　令人齿冷　狗彘不食　认贼作父　狗苟蝇营
寡廉鲜耻　行若狗彘　狗彘不食其余　言清行浊　卖国求荣
荒淫无耻　恬不知耻　狗彘不若　　　　　有文无行　卖主求荣
厚颜无耻　无耻之尤　狗彘不如　男盗女娼　蝇营狗苟

轻浮
轻薄无行　拈花惹草　油头滑脑
水性杨花　毛手毛脚

阴险
巧言令色　人心难测　老奸巨猾　暗箭伤人　腹有鳞甲
包藏祸心（78）　心术不正　狼子野心（82）　明枪易躲，暗箭难防　盗憎主人
心怀鬼胎　　　　　不可告人　　　　　　　　　　　　　　　　　杀人不见血
假模假式　吃里爬外　路人皆知（80）　借刀杀人　含沙射影
假仁假义　吃里扒外　　　　　　嫁祸于人　为鬼为蜮
两面三刀　阳奉阴违　司马昭之心，　贼喊捉贼　笑里藏刀
表里不一　居心不良　路人皆知　面誉背毁　口蜜腹剑
心口不一　居心叵测　　　　　　　　　　　　　　　　佛口蛇心
虚情假意　心怀叵测　巨奸大猾　腹诽心谤　绵里藏针

04 坏人和丑类

附录 分类成语

罪行

恶贯满盈（86）
擢发难数（88）
罄竹难书（90）
劣迹昭彰
十恶不赦
百身莫赎
死有余辜
天理难容
天诛地灭
千夫所指
弥天大罪
滔天大罪
罪不容诛
罪大恶极
罪恶滔天
罪恶昭彰
罪该万死
罪孽深重
罪有应得

残暴凶狠

暴戾恣睢
暴虐无道
惨无人道
丧尽天良
伤天害理
穷凶极恶
丧心病狂
蛇蝎心肠
狼心狗肺
人面兽心
杀人不眨眼
嗜杀成性
心狠手辣
如狼似虎
豺狼成性
凶神恶煞
凶相毕露
龇牙咧嘴
虎视眈眈
张牙舞爪
杀气腾腾
气势汹汹

胡作非为

蛮横无理
无理取闹
图谋不轨
蠢蠢欲动
鸠占鹊巢
不择手段
无所不用其极
飞扬跋扈
专横跋扈（92）
肆行无忌
肆无忌惮
无所忌惮
无所顾忌
肆意妄为
胆大妄为
为所欲为（94）
横行无忌
横行天下
横行霸道
恣意妄行
恣意妄为
胡搅蛮缠
撒泼放刁
作威作福
称王称霸
变本加厉
助纣为虐（96）
助桀为虐
为虎傅翼
为虎添翼
为虎作伥
诲盗诲淫
诲淫诲盗
教猱升木
明火执仗
明火执杖
明目张胆
巧立名目
犯上作乱
如狼牧羊（98）
豺狼当道（100）
州官放火（102）
只许州官放火，不许百姓点灯
蠹国害民
祸国殃民
误国殃民
小丑跳梁
倚财仗势
贼心不死
胡作非为
无法无天
目无法纪
违法乱纪
作奸犯科
有天无日
无所不至
无所不为
为非作歹

行凶作恶

无恶不作
作恶多端
怙恶不悛
草菅人命
荼毒生灵
率兽食人
趁火打劫
打家劫舍
敲诈勒索
坑蒙拐骗
谋财害命
图财害命
杀人放火
杀人灭口
杀人如麻
杀人越货

分类成语

图书在版编目（CIP）数据

把成语用起来：一读就会用的分类成语故事．二，品质和性格　坏人和丑类 / 歪歪兔童书馆编著． -- 北京：海豚出版社，2020.5（2023.11重印）

ISBN 978-7-5110-5136-3

Ⅰ．①把⋯ Ⅱ．①歪⋯ Ⅲ．①汉语－成语－故事－青少年读物 Ⅳ．①H136.31-49

中国版本图书馆CIP数据核字（2020）第000039号

把成语用起来——一读就会用的分类成语故事
歪歪兔童书馆 / 编著

出 版 人：王　磊
策　　划：宗　匠
监　　制：刘　舒
策划编辑：宋　文
撰　　文：宋　歌
绘　　画：徐敏君
责任编辑：杨文建　李宏声
装帧设计：王　蕾　侯立新
责任印制：于浩杰　蔡　丽
法律顾问：中咨律师事务所　殷斌律师

出　　版：海豚出版社
地　　址：北京市西城区百万庄大街24号　邮　　编：100037
电　　话：（010）85164780（销售）　　（010）68996147（总编室）
传　　真：（010）68996147
印　　刷：北京博海升彩色印刷有限公司
开　　本：16开（860毫米×1130毫米）
印　　张：73.25
字　　数：800千
印　　数：190001-200000
版　　次：2020年5月第1版
印　　次：2023年11月第12次印刷
标准书号：ISBN 978-7-5110-5136-3
定　　价：450.00元（全十册）

版权所有　　侵权必究